> coleção = *decolonização e psicanálise*
<.> volume = *assim é a mulher por trás de seu véu? temas feministas em psicanálise* <

> coleção = *decolonização e psicanálise* <.> volume = *assim é a mulher por trás de seu véu? temas feministas em psicanálise* <

© n-1 edições + psilacs, 2024

ISBN 978-65-6119-022-0

Embora adote a maioria dos usos editoriais do âmbito brasileiro, a n-1 edições não segue necessariamente as convenções das instituições normativas, pois considera a edição um trabalho de criação que deve interagir com a pluralidade de linguagens e a especificidade de cada obra publicada.

> n-1 edições <
> coordenação editorial <.> *peter pal pelbert · ricardo muniz fernandes* <
> preparação <.> *gabriel rath kolyniak* <
> direção de arte <.> *ricardo muniz fernandes* <
> produção editorial <.> *andressa cerqueira* <
> assistência editorial <.> *inês mendonça* <
> ilustração na capa <.> *julia panadés* <
> projeto gráfico e diagramação <.> *luan freitas* <
> microfotografia <.> *sinhyu photographer* <

> psilacs <
> coordenação da coleção decolonização e psicanálise <.> *andréa guerra* <
> revisão <.> *léa silveira* <
> apoio técnico <.> *fídias gomes siqueira* <
> realização <.> *núcleo psilacs* <

A reprodução parcial sem fins lucrativos deste livro, para uso privado ou coletivo, em qualquer meio, está autorizada, desde que citada a fonte. Se for necessária a reprodução na íntegra, solicita-se entrar em contato com os editores.

1ª edição | São Paulo | Agosto, 2024 | n-1edicoes.org

10   > prefácio <

18   > introdução <.> contando passos <

30   > capítulo i <.> entre teses e textos: como o tema da inferioridade da mulher aparece nos ensaios que sigmund freud dedica à sexualidade feminina? <

52   > capítulo ii <.> sexualidade feminina, alienação corporal e destino: discutindo algumas teses de sigmund freud a partir da crítica de simone de beauvoir <

82   > capítulo iii <.> esquema filogenético e campo transcendental: sobre as concepções de fantasia em sigmund freud e jacques lacan <

100   > capítulo iv <.> sexualidade feminina e herança filogenética: sobre a tese da inferioridade da mulher na leitura de juliet mitchell <

112   > capítulo v <.> cerzindo romances familiares – phantom thread e um certo lugar do gozo <

118   > capítulo vi <.> assim é a mulher por trás de seu véu? – questionamento sobre o lugar do significante falo na fala de mulheres leitoras dos escritos <

130   > capítulo vii <.> simbolicismo e circularidade fálica: em torno da crítica de nancy fraser ao "lacanismo" <

150   > capítulo viii <.> a mãe preta e o nome-do-pai: questões com lélia gonzalez <

174   > bibliografia <

186   > agradecimentos <

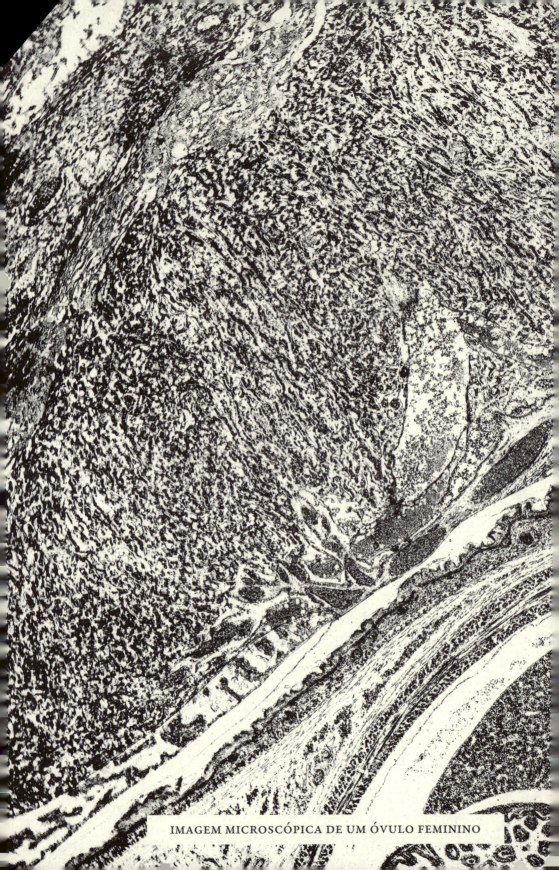

IMAGEM MICROSCÓPICA DE UM ÓVULO FEMININO

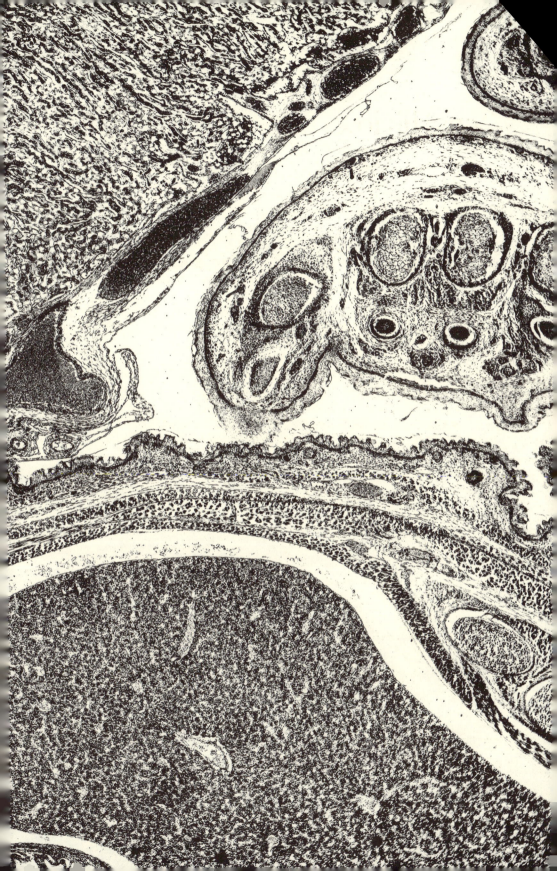

> prefácio <

Este é um delicado livro-confronto. Assim como os estudos sobre indígenas, colonizadxs, escravizadxs, as questões e investigações sobre o feminino e o lugar da mulher sempre rondam o pensamento psicanalítico de maneira suspeita. Seja em textos acadêmicos, na militância política, na vida civil, na clínica ou através das fantasias conscientes e inconscientes dos sujeitos de distintos gêneros e posições sexuadas, a pessoa subalternizada parece estar sempre numa posição identitária diante daqueles que se instituem como universais hegemônicos – uma insistência que se repete e poderia produzir armadilhas e ciladas, negacionismos e defesas.

No entanto, com esta obra de Léa Silveira, a leitora e o leitor têm em mãos uma escrita corajosa e original que desloca o olhar do saber acumulado sobre a discussão feminista em seu encontro com a psicanálise. Faz elipse. A autora desnuda por trás do véu, em múltiplos planos e linhas sólidas de argumentos sempre posicionados, uma espécie de circularidade argumentativa autofágica que cria becos sem saída. Por que persiste essa perspectiva de recusa quanto ao lugar da mulher, centralizada no edifício da diferença tomada como inferioridade? É o que este livro revela.

Ele percorre curtos-circuitos argumentativos, ora pela via da dimensão simbólica, ora pela via dos equívocos da filogênese, ora pela rede de equivalências impostas e supostas à diferença sexual, ora através das fantasias e temores masculinos na base de teorias aceitas como universais, ou ainda pela construção de narrativas e estratégias discursivas e de poder distribuídas entre sexos e gêneros. Antes de sua leitura, é como se caminhássemos sobre uma topologia de sombras, porém não exatamente dentro da caverna de Platão, e sim a céu aberto. Um caminho atravessado pelo que sempre esteve ali, mas não era lido.

Com densidade teórica, humor refinado e perspicácia filosófica ímpar, quando Léa Silveira decide escrever esta obra, revela o que veio a constituir esse campo sutil e, ao mesmo tempo, retumbante do encontro entre a psicanálise e as teorias feministas. A autora demonstra a topologia de sombras caminhando passo a passo pelos veios inauditos entre a luz e a penumbra, dançando pelo fio da navalha com seu corpo bailarino de palavras. É estonteante acompanhá-la. A cada pirueta, um rasgo de lucidez crítica. E ela entrega o que promete.

Ao terminar a leitura deste livro, devorado – não sei se é possível lê-lo com a calma de quem espera nadar em água mansa –, lembrei-me de Sojourner Truth. Ex-escravizada norte-americana, ela fugiu das terras em que morava devido ao não cumprimento do contrato de liberdade por parte de seu proprietário. Numa fala proferida em 1851, em Akron, EUA, por ocasião da Convenção dos Direitos da Mulher, ela pergunta, face ao modo como era tão distintamente tratada em relação às mulheres brancas livres: "e eu não sou uma mulher?". (Uma anáfora que posteriormente dá título a um livro de bell hooks.)

Como primeira mulher preta ex-escravizada a ganhar uma ação judicial contra um homem branco livre na história dos EUA, foi também a primeira pessoa afrodescendente a ter um busto no Congresso em Washington, reconhecida como um(a) dos(as) cem norte-americanos(as) mais relevantes na história do país pela Smithsonian Institution. A lembrança dela veio porque Léa Silveira colocou em suspenso, para interrogá-la, outra pergunta, que é freudiana, enunciada já no século xx: "o que quer uma mulher?".

Mais do que atravessada por pontos de enunciação tão bem instalados, a fineza do texto de Léa, como num caleidoscópio, lança a cada volta um novo vislumbre sobre a trama tecida acerca dos impasses extraídos do embate entre os dois campos. São surpreendentes as descobertas – no sentido de se descobrirem, uma a uma, outras camadas – embutidas nos textos já tão explorados nessa interface. Um frescor nos toma, um deslocamento nos arrebata e uma sede ganha forma!

Buscando elucidar o "continente negro" da feminilidade e seus depositados enigmas inconscientes, Freud empreendeu uma longa jornada. Nela, a pessoa nascida biologicamente com vagina permaneceu sempre associada à posição feminina e identificada à mulher na partilha dos sexos, obscurecida por vezes pela função materna. Freud, que se confessa fixado na ausência de pênis da mulher – epígrafe séria e, simultaneamente divertida, recuperada por Léa –, é aqui tomado pelo avesso. A complexidade do pensamento filosófico e intelectual da autora não me deixaria dizer que o livro poderia ser um excelente passatempo subversivo, mas certamente seu humor argumentativo e sagaz é uma festa.

Léa Silveira abre os caminhos nessa encruzilhada, interpondo em sua leitura o poder como elemento inelimável da lente psicanalítica e da articulação feminista. E ele é convocado não para responder a Freud ou à Psicanálise, mas para reposicionar a perspectiva de sua teoria. Neste livro, ela desdobra de modo arguto, consistente e sensível o que jaz sob as pregas invisibilizadas pelo desejo patriarcal de dominação, desfazendo processos naturalizados sobre a apropriação do que seria a mulher.

O ato de levantar o véu não desnuda somente os processos de naturalização das hierarquias entre as posições associadas ao que se estabelece historicamente como feminino e masculino, mas também suspende os curtos-circuitos de supostos axiomas que partem da hegemonia atribuída ao que seria o masculino ideal (no singular), como se ela não fosse apenas um enquadre de arranjos simbólicos, mantidos ao longo dos séculos. Poderíamos mesmo dizer que a grande tese do livro é a desnudez dessa equivalência entre masculino e cultura, no sentido do simbólico.

É corpulenta a operação de localizar essa simetria inventada e desfazê-la, fio a fio. Essa correspondência configura uma tela de fundo da qual Léa Silveira parte e para a qual verte as configurações analíticas de racionalidades sobre o feminino. Seu convite de levantar o véu, assim o recebi, é o de, pelo entremeio de seu ângulo de movimento suave, realizar a pesada função crítica. Como um vento que atravessa o corpo recoberto por um sistema de pensamento e dá a ver seus elementos intervalares e tapados pela veste que o contém.

Parece-nos que a autora *aplica* a verdade peregrina – *Sojourner Truth* – das mulheres à ideia fixa de Sigmund Freud sobre os efeitos psíquicos da distinção anatômica entre os sexos. Léa não perde de vista os impasses do texto freudiano com o biologismo nem os do lacaniano com o psicologismo. Nesse sentido, elucida que a configuração do ponto de partida patriarcal, centrado no pênis como elemento de poder, responde antes a um sistema de mundo estabelecido e imposto como hegemônico, a uma estrutura histórica e geopoliticamente situada. Lembra, porém, que ele coabita com muitos outros mundos possíveis, ainda que permaneça violento em seu exercício.

Lidos no ziguezague desejado por leitoras e leitores, cada capítulo é uma surpresa inteligente! O outro sexo e o modo como Léa Silveira expande, hoje e após tantos volteios acerca da obra, a crítica de Simone de Beauvoir à valorização do falo como sendo historicamente datada é um trabalho de comentário de tessitura primorosa! Como a autora lembra com Arp, a existência social incorpora mas também ultrapassa a biológica – uma dimensão crucial e básica, na qual Léa coloca seu tempero ao retomar a analítica da imagem da mulher como um homem mutilado. "A valorização do falo precisa ser pensada como algo resultante do próprio patriarcado, ou seja, como algo que diz respeito ao próprio contexto e às premissas historicamente situáveis que produziram a opressão da mulher e sua designação como Outro."[1]

Dois dos pontos altos da obra são a exaustão e a profundidade com que a autora trabalha a questão da filogenia, dedicando um capítulo a dedilhar seus entremeios. Dessa discussão, destaco a confusão entre valores socioculturais e normas vitais, cuja correspondência fortalece a argamassa do discurso patriarcal embutido na teoria psicanalítica – se aí a dimensão do poder fica excluída.

Léa realça uma espécie de torção nos termos adotados, que emerge quanto ao lugar do falo, numa circularidade em que o determinado se torna determinante ou ainda em que o emparelhamento da figura masculina à formação do Ideal

---

1   (p. tal)

de Eu interroga a hipótese filogenética freudiana. Mais um dos desdobramentos elípticos da obra.

Na leitura de Juliet Mitchell é ressonante a introdução da dimensão da verdade histórica, hiato que se transmite pelo que não se pode escrever. A homologia ou o equívoco entre verdade material, factual, e verdade histórica, acontecimento evanescente, apaga justamente o que o inconsciente escreve como intervalo. Sutileza revigorante, resultante de uma apropriação teórica e amadurecida do encontro dialético entre psicanálise e feminismo. O livro é muito bom!

Léa subverte a teoria freudiana, no que tange às formulações sobre a sexualidade feminina, e a toma, antes, como uma chave de leitura ou um "elemento fundamental do diagnóstico da opressão da mulher",[2] como nessa releitura de Mitchell que empreende.

Ela dirige o livro como se, ao arrumar o retrovisor, buscasse exatamente elucidar pontos cegos, e não apenas seguir placas indicadoras já plantadas no caminho. Por isso mesmo, são muitos os mitos teóricos abalados ao longo da leitura. A psicanálise se reafirma como teoria pulsional num outro figurino. Muitas vezes, elucubrações que se autoconfirmam e se sustentam na circularidade argumentativa delatada se tornam obviedades, antes incomuns ou impensadas. Assim é a mulher por trás de seu véu...

Nesse ponto, a localização deslocada do falo, tanto no texto lacaniano quanto em Fraser, se alonga e implica consequências conceituais e teóricas, além de políticas, cujos paradoxos são explorados. A atribuição de poder ao falo "como significante do desejo [incide] exatamente na medida em que essa fantasia precisa ser localizada em contexto patriarcal, expressando-o e talvez também o constituindo".[3]

Uma segunda discussão longa e profícua, além da categoria filogenética, implica exatamente na extração das consequências do lugar do falo na teoria lacaniana. Léa demove o falo da posição de agenciador da alternância entre presença-ausência em função da capacidade erétil do pênis, para destacar sua dimensão emblemática de nomeação da diferença. "O falo não é o pênis. Mas, exatamente, quanto menos o falo é o pênis mais difícil se torna sustentar que se trate, aí, de falo."[4] O que torna questionável a manutenção de seu uso e acaba por reforçar e reproduzir a misoginia e a repulsão ao feminino na teoria.

---

2   (p. tal)
3   (p. tal)
4   (p. tal)

> Assim, ou o falo tem a ver com o corpo e não podemos, afinal, eliminar resíduos de naturalização no pensamento lacaniano que inevitavelmente (apesar da teoria da sexuação dos seminários tardios) serão tributários do mais profundo ranço de nossa cultura patriarcal ou não tem nada a ver com o corpo e então não temos, afinal, razão alguma para chamar de "falo" o significante do desejo. Haveria uma terceira alternativa?[5]

A ousadia do pensamento filosófico de Léa Silveira ganha seu ápice no debate com Fraser nesse desenvolvimento da crítica à dimensão fálica no livro. Com seriedade e rigor, Léa mostra pouco a pouco como a discussão de Fraser destaca a circularidade da função fálica e permite situar impasses para o campo psicanalítico. Assim, Fraser desfaz lógicas curtos-circuitadas, como: "o sujeito precisa se submeter a uma ordem simbólica falocêntrica porque a ordem simbólica falocêntrica exige a submissão do sujeito".[6] Silveira, porém, contrapõe os avanços lacanianos ao pensamento da filósofa norte-americana, mostrando que a dimensão de associação entre consciência e pensamento em Fraser deixa de lado o mais contundente aspecto da teoria psicanalítica, a saber, a incidência do inconsciente e da pulsão num corpo que fala.

E, se Léa não perde de vista a associação espúria entre submissão erótica e submissão política na crítica ao texto psicanalítico, face à posição de Fraser, ela contrapõe uma espécie de dialética afirmativa ao interpor a dimensão do poder em cena. Entretanto, ela o faz de um modo *sui generis*, removendo-o da associação com o masculino. Assim, interroga a diferença na cultura, na relação entre fala, corpo e alteridade, sem a referência ao falo como falta de pênis. "Seria possível preservar a ideia de que um lugar de fala implica elementos estruturais que dizem respeito à sexualidade e ao desejo abrindo mão de nomear o significante do desejo como falo?"[7]

Assim, finalmente, ela pode se perguntar se o Édipo ainda seria o melhor termo para a referência da estrutura da diferença e seu equacionamento, já que, em última instância, se trata de uma trama simbólica referida a funções, cujos elementos, na estrutura, variam e simultaneamente se modificam ao longo da história e dentro de cada contexto geopolítico. "Podemos manter uma estrutura de entrada do sujeito na cultura sem manter o caráter masculino desta? Isso – que aparentemente

---

5   (p. tal).
6   (p. tal)
7   (p. tal).

permitiria sobrepujar a circularidade denunciada por Fraser – ainda seria Édipo?"[8] Questões cortantes.

No último capítulo, a novidade do livro se planta com fertilidade! Em um recorte da análise da mãe preta em Lélia Gonzalez, cereja do bolo, explora, com outras feministas, a interseccionalidade e o colonialismo no tema da neurose cultural brasileira. Léa permanece com a crítica afiada, mobilizando a figura da babá como central na constituição da subjetividade brasileira, e, mesmo nesse rico comentário de um texto, que ressoa ainda hoje sem a extração de todas as suas consequências, reencontra a equivalência Simbólico = Masculinidade. Na analítica da babá e da função do Nome-do-Pai, Léa revira o avesso colonial escravocrata e o inconsciente residual que fala. Brilhante, coloca questões para o horizonte da subjetividade e da geopolítica de nosso tempo quanto à potência de transformação que pode ser avivada a partir da crítica filosófica.

Se fosse possível sintetizar este livro, poderíamos dizer que é uma abertura original dos flancos acerca da disputa de narrativas entre psicanálise e feminismo, mas isso reduziria os três. Sua complexidade teórico-política reverbera à dos dois campos em tensa interface. Em outra analogia, seria mais prudente e exato tomar o livro como a análise do avesso de um bordado no desejo de se tomar uma trança que se desfaz para incluir novos fios e cores em sua tessitura.

Através deste livro, Léa Silveira certamente escreve seu nome no rol da intelectualidade feminina e feminista brasileira em ato, sem retorno. Não espere, por isso, terminar a leitura desta grande obra pacificada. O livro para homens e mulheres, binários e não binários, cis e trans, interroga a presença do feminino e da mulher na cultura e coloca em marcha, dentro de um novo paradigma, interrogantes sobre o processo civilizatório hoje. Num momento de evidente quebra de paradigma e do advento de uma nova subjetividade, sociabilidade, erótica e política dos corpos, Léa toma a dianteira e dá um passo histórico, impossível de recuar. Desejo que façam do véu e do livro um bom uso.

Andréa M. C. Guerra
Nova Lima, outono de 2024

---

8   (p. tal).

Brasil. 2023. 1.463 feminicídios.

Uma mulher é morta no Brasil a cada seis horas pelo fato de ser mulher.

\> introdução   <.>

contando passos <

Olhar retroativamente para um longo percurso de pesquisa e pensamento é um gesto capaz de trazer tanto uma percepção de continuidade quanto de ilusão de continuidade. Conto com ambas – uso-as e recolho-as –, pois, sendo a psicanálise o centro de minha escrita, isso, *per se*, já sinaliza suspeita de contratempos que se queiram retos. Naquilo que diz respeito ao campo do sentido, como se vai de um tempo 1 a um tempo 8, por exemplo? Certamente, não assim: 1, 2, 3 etc. Podemos partir de um tempo 5 para descobrir o tempo 1, que então nos remeta ao 8 apenas para descobrirmos que, antes do 1, um 0 se fazia necessário. Tirados os noves, o resultado, no campo do sentido, nunca é nada, mas também dificilmente será prova. Contudo, embora as combinações possíveis sejam aqui talvez tão infinitas quanto as numéricas, a elas sempre subjaz um tempo de argumento, quiçá capaz de remeter à *inteligibilidade* sem comprometer a *decifração*. Assim é que tal gesto pode reservar também algumas surpresas: algo que, de início, não sugeria conexão alguma pode, *in media res*, revelar-se como o centro de uma inspiração.

Nos títulos deste livro e em um de seus capítulos, aproprio-me de uma frase de Lacan, transformando-a em pergunta, e, com isso, sinalizo que, talvez, entre esse 1 e esse 8, eu tenha partido do 6. A propósito de um convite da *Lacuna: uma revista de psicanálise* para participar, no contexto da efeméride dos cinquenta anos de publicação dos *Écrits*, de uma mesa-redonda no *Instituto Gerar de Psicanálise*, decidi (começar a) me perguntar: assim é a mulher por trás de seu véu? O capítulo 6 situa tal questão em torno de dois eixos que atravessam os *Escritos* de Jacques Lacan: a distância que seu pensamento toma com relação ao psicologismo freudiano, exigindo inserção numa argumentação transcendental alimentada, sobretudo, pelo estruturalismo, e o tratamento do tema da diferença sexual, que acaba destinando ao falo um lugar na estrutura do desejo de um modo tal que a pretensão de distinguir falo de pênis produz limites e circularidade. Se, com o primeiro eixo, Lacan se permite avançar com relação ao que considera serem certos impasses do pensamento de Freud, com o segundo parece reproduzir outros deles, dessa vez voltados à sobreposição entre masculinidade e cultura. A diferença sexual pode ser tomada, em diversos aspectos, como o próprio objeto da psicanálise. Isso, por si só, torna inerradicável a relevância da psicanálise para o debate feminista, embora este só possa ser situado à luz de muitas tensões. No entanto, é curioso, enigmático e ao mesmo tempo sintomático que a teorização desse objeto insista em reproduzir uma equivalência entre masculinidade e cultura, seja através das teses freudianas sobre a sexualidade feminina, seja por meio da teoria lacaniana da sexuação, que contrapõe um gozo Outro ao gozo fálico e converge para a célebre afirmação de que A̶ mulher não existe.

Se trago esse ponto como possível lugar de partida para a leitura, cabe dizer de imediato que os capítulos aqui apresentados podem ser lidos em ordem aleatória, pois cada um possui – ou pretende possuir – certa autonomia de argumentação (evidente pelo fato de terem sido publicados separadamente). Além disso, eles são heterogêneos entre si em estilo de texto e forma de argumentação, veiculando exercícios de escrita voltados para, como disse Freud quando de sua apresentação do conceito de pulsão, trabalhar um mesmo tema a partir de diversos ângulos.

Porém, de outro lado, em conjunto, expressam uma trajetória de investigação cujo fio ziguezagueante cabe a esta introdução exibir, não obstante seja apenas um dentre os caminhos possíveis.

O capítulo 1 abre com a insistência – sempre necessária – no fato de que, entre as condições de possibilidade do feminismo, a psicanálise ocupa um lugar de direito, conquistado especialmente em virtude da tese da bissexualidade originária do ser humano, que situa a sexuação como um processo, instalando-a em um tornar-se que limpa, em larga medida, o terreno da predeterminação, cara ao pensamento conservador. Engaja-se, todavia, na tarefa de examinar as teses de Freud sobre a sexualidade feminina, trabalhando sua construção textual de modo a tentar indicar as armadilhas aí produzidas e a forma como elas convergem para uma localização das mulheres no contráfluxo da cultura a partir de um eixo que concerne à constituição do Supereu.

É possível perceber, no exame realizado no primeiro capítulo, o enraizamento das considerações de Freud sobre a sexualidade feminina em algo denunciado por Beauvoir: o fato de a mulher se sentir "um homem mutilado" pressupõe a valorização do falo e da virilidade, característica da cultura patriarcal. Essa ideia de Beauvoir guiou o segundo capítulo, então construído com três etapas: fornecer um comentário do item "O ponto de vista psicanalítico" do livro *O segundo sexo*[1], apresentar o problema da alienação corporal tal como ele aparece nessa obra e formular algumas questões que decorrem do confronto dos dois passos anteriores com algumas daquelas teses de Freud sobre a sexualidade feminina. Tais questões se organizam, dessa

---

1   S. de Beauvoir 1949/2016.

vez, a partir de tensões e ambiguidades encontradas na reflexão de Beauvoir, pois na medida em que a filósofa vincula de modo claro a opressão das mulheres a "consequências da especificação sexual" e à suposição de uma "fraqueza física da mulher" como "inferioridade flagrante", cabe perguntar se o fundamento mesmo da crítica de Beauvoir a Freud não acaba por situar tal crítica – em outros aspectos indispensável – aquém de necessidades ínsitas ao pensamento feminista. No que avançamos ao dispensar a inferioridade psíquica se preservarmos a ideia de uma inferioridade biológica, ainda que esta seja devidamente desvencilhada da ideia de destino?

Os dois primeiros capítulos cumprem, assim, a função de desenhar certos elementos do debate entre feminismo e psicanálise, mas não indicam a forma com essa tensa interlocução chegou a ser, de fato, inaugurada, algo reconhecido na publicação, em 1974, do livro de Mitchell, *Psicanálise e feminismo*[2]. O capítulo 4 apresenta um comentário deste livro cujo fundamento é a consideração da assim chamada hipótese filogenética freudiana, motivo pelo qual ele é antecedido de um capítulo que apresenta e discute essa questão. O capítulo 3 expõe, então, a tese de que a inteligibilidade do funcionamento psíquico requer, para Freud, assumir a transmissão hereditária de traços de memória com a intenção de trabalhar: o conteúdo desta hipótese, alguns dos problemas por ela produzidos, seu significado diante dos problemas que ela esteve a serviço de tentar resolver, seu estatuto filosófico.

O conteúdo do terceiro capítulo apresenta, nessa direção, o estudo que me permitiu identificar o que considero ser uma espécie de ponto cego no livro de Mitchell, discussão desenvolvida no capítulo 4. Argumento aí, em primeiro lugar, que o livro contém dois movimentos incompatíveis entre si: a) na parte dedicada às autoras feministas que leram Freud, Mitchell as acusa de serem demasiadamente historicistas e de não reconhecerem um tipo de verdade que seria próprio à psicanálise, uma verdade não histórica, descoberta pela psicanálise, que diria respeito à diferença sexual e que ocuparia lugar externo ao da teoria freudiana da cultura; e b) na última parte do livro, Mitchell localiza a abordagem psicanalítica da diferenciação homem/mulher como um momento do patriarcado cuja herança o movimento feminista teria o papel de alterar. Esses dois movimentos respondem por aquilo que pode ser identificado como uma oscilação no livro de Mitchell: ora os termos psicanalíticos concernentes à diferença sexual são indicados como constituintes de uma verdade a-histórica, ora se convoca à sua ultrapassagem; ora nos deparamos com a afirmação de que toda cultura é patriarcal; ora ouvimos um chamado à superação

---

[2]   J. Mitchell 1974/1979.

do patriarcado. Por outro lado, na minha opinião, Mitchell resolve essa oscilação no ensaio "Sobre Freud e a distinção entre os sexos", também de 1974[3], quando caracteriza a teoria freudiana (especialmente a teoria da sexualidade feminina) como elemento fundamental do *diagnóstico* da opressão da mulher. Em seguida, defendo que o primeiro movimento – separar a teoria da cultura da tese da diferença sexual (que implica para Freud a inferioridade feminina) – só pode comparecer no livro de Mitchell porque ela elude o fato de que, no pensamento freudiano, as duas coisas possuem um forte vínculo entre si, exibível com a referência à hipótese filogenética.

É evidente que a discussão sobre a tese freudiana a respeito da inferioridade psíquica da mulher precisa voltar-se também ao tema do masoquismo, para o qual trago aqui, no entanto, apenas um olhar indireto.[4] Trata-se do capítulo 5, que consiste em um comentário sobre o filme *Phantom Thread*, de Paul Thomas Anderson, com uma escrita de estilo não acadêmico. Nesse texto, destaco o modo como os entrelaçamentos do filme correspondem a conexões de gozo das duas personagens principais, em um jogo que implica entrar numa fantasia de ser envenenado como resposta ao lugar da demanda endereçada à figura materna. Indico os movimentos pelos quais esse jogo é levado a um limite, depois do qual nem ele nem o próprio filme poderiam continuar, uma vez que o reconhecimento da fantasia perversa impediria a sua preservação.

Na reflexão sobre fantasia, penso, Lacan diferencia-se de Freud com bastante riqueza, algo que acontece igualmente com seu gesto de enraizar a psicanálise em um campo epistemológico distinto, afastado do empirismo e do psicologismo. O capítulo 3, ao analisar a hipótese filogenética freudiana, a contrapunha, em sua segunda parte, ao modo como Lacan encaminhou diferentemente os problemas com que Freud se defrontara ao construí-la, propondo, então, um equacionamento próprio para a tensão entre universalidade e singularidade na fantasia. Ali, argumentei que, para Lacan, ao contrário de Freud, o que há de universal na fantasia não é derivado da contingência, mas também não precisa temer o risco de pagar dívidas à metafísica porque se restringe às condições da relação entre sujeito e linguagem.

Esse tema comparece no capítulo 6, cujo conteúdo já assinalei acima, quando dizia que, em Lacan – e especificamente nos *Escritos*[5] –, o eixo de um afastamento do psicologismo é desenvolvido paralelamente a um trabalho com a diferença sexual

---

3   J. Mitchell, 1974/1998.
4   Faço um exame da expressão "masoquismo feminino" tal como ela é empregada por Freud em L. Silveira 2024.
5   J. Lacan 1966a/1998.

que confere ao falo a prerrogativa de ser o significante do desejo, ponto de uma clara circularidade argumentativa cujo teor desenvolvo no capítulo 8, a partir do comentário do ensaio "Contra o 'simbolicismo': usos e abusos do 'lacanismo' para políticas feministas", de Nancy Fraser. A ideia lacaniana de que a mulher está excluída das palavras é aqui tomada como outro modo de expressar a tese freudiana de que o repúdio do feminino é fundante da cultura e da atribuição de um caráter fálico a esta. Mas Lacan soube reconhecer o papel da linguagem nisso, trazendo para o primeiro plano as tensões entre enunciado e enunciação na construção da relação entre corpo e cultura. Essas questões parecem de fato remeter à necessidade de pensar sobre um modelo de discurso, e o texto de Nancy Fraser tem o mérito de pôr isso em relevo. Para Fraser, no entanto, o pensamento de Lacan mobiliza um modelo de discurso a ser evitado pelo feminismo especialmente porque faria abstração das práticas sociais e do contexto social da comunicação. Além disso, a psicanálise lacaniana não teria avançado no que poderia ser uma promessa de promover mais avanços na reflexão sobre gênero – pois poderia trazer correções recíprocas entre estruturalismo e um biologismo ainda marcadamente presente em Freud – exatamente em virtude de reeditar aquela circularidade entre a atribuição de um caráter falocêntrico tanto à cultura quanto à própria constituição do sujeito. O capítulo discute a possibilidade de situar, em sua força própria, isso que seria o eixo central da crítica de Fraser, bem como questionar a extensão da legitimidade de outros aspectos dessa mesma crítica. Tal percurso permitiu levantar duas questões principais: 1. Em que medida a psicanálise importa politicamente para o discurso feminista? 2. Em que medida questões formuladas em um contexto de reflexão feminista podem e devem nos conduzir a ressignificar, remodelar, ressituar, conceitos centrais da teoria psicanalítica?

O eixo Freud-Lacan é o alicerce da potente discussão feita por Lélia Gonzalez sobre o sexismo no Brasil, que ela conecta ao racismo e que acompanho no capítulo 8. No ensaio "Racismo e sexismo na cultura brasileira", a autora trabalha a tese de que o racismo é a sintomática da neurose cultural brasileira, trazendo a necessidade de explicitar suas concepções de sintoma e de neurose. Nesse capítulo, contextualizo o argumento do ensaio de Gonzalez com relação à psicanálise e a outros aspectos de seu pensamento (especialmente o conceito de amefricanidade) e enfatizo o tema da mãe preta que, por ser inserido no ambiente teórico da psicanálise lacaniana, é aí tratado à luz do modo como esta trabalhou o complexo de Édipo, situando o Nome-do-pai como seu operador central. Para tanto, mobilizo um ensaio de Rita Segato sobre a configuração brasileira do Édipo e as discussões de Anne McClintock sobre o apagamento da figura da babá na construção freudiana do complexo de Édipo.

Esses são, então, os passos do livro que a leitora – ou o leitor – tem agora em mãos. No entanto, desejo fazer esta apresentação ser acompanhada de mais um par de ponderações que integram o percurso de pesquisa e de pensamento que entrego aqui.

Considero que o conceito freudiano de Eu contém elementos que talvez nos permitissem alavancar outras tantas reflexões relevantes politicamente no que concerne à condição da mulher, tanto no sentido de tornar possível pensar como a crítica ao falocentrismo poderia ser adotada no próprio cerne da metapsicologia quanto no sentido de podermos lidar com a tese do inconsciente em sua radicalidade, de modo tal que a crítica de Beauvoir a Freud possa talvez ser deslocada do contexto de uma filosofia da consciência para se tornar, ou permanecer, operante no próprio registro da psicanálise. O Eu é, para Freud, construído a partir da presença do outro, e tomado como tal desde os primeiros passos da metapsicologia. Pois, se a imagem que nele se instala é contingente, não há motivos decisivos para que a figura masculina seja tão intensamente emparelhada à formação do Ideal do Eu.

A identificação com o outro parte de uma configuração marcada pela contingência, cujo caráter o mito de *Totem e tabu*, restrito a relações entre homens nas quais as mulheres não passam de objetos a serem trocados, não parece suficiente para solapar.

Já se insinuou que residiria em *Totem e tabu* uma argumentação circular: ela tomaria por dado aquilo que precisaria explicar, uma vez que os irmãos só poderiam se organizar em motim se previamente contassem com algum tipo de relações culturais.[6] No entanto, essa não parece ser uma verdadeira circularidade, pois Freud supõe o próprio desenvolvimento da linguagem como prerrogativa do pai da horda primitiva,[7] de modo que, em seu raciocínio, a linguagem é prévia ao assassinato, enquanto a organização social e o Estado, ou algum rudimento do que seja isso, não o são. A verdadeira circularidade parece incidir em outro lugar, precisamente na equivalência assumida entre cultura e masculinidade, que, como já indicado mais de uma vez nesta introdução, reverbera e se desdobra na obra de Freud. E é isso que suspeito que o conceito de Eu, pela via do operador da identificação, nos permite fazer um importante contraponto.

Penso que uma boa chave de entrada nesse problema seria acompanhar a crítica de Judith Butler ao conceito freudiano de identificação.

---

6   B. Malinowski 1927/2013; R. Mezan, 1985, p. 153.
7   S. Freud 1985/1987; F. Correa 2015.

Em *O Eu e o Isso*, Freud propõe considerar o Eu como desdobramento do Isso a partir do sistema Pcp, e, portanto, de uma "influência direta do mundo externo",[8] em nome da qual o Eu buscará fazer prevalecer o princípio de realidade. Na dinâmica que se estabelece a partir daí, o Eu, por ter o acesso à motilidade, disfarça vontades do Isso como se fossem suas próprias vontades. Ele é um órgão psíquico que se destaca como "projeção mental da superfície do corpo".[9] Contudo, no item iii – *O Eu e o Supereu* –, Freud parte da ideia de que esse cenário tecido entre constrições do mundo externo, vontades do Isso e projeção da imagem corporal não cobre tudo o que diz respeito ao Eu, que sua condição é bem mais complexa, porque a formação do caráter do Eu envolve a identificação que resulta do abandono do investimento objetal: "(...) o caráter do Eu é um precipitado dos investimentos objetais abandonados, (...) contém a história dessas escolhas de objeto".[10]

Em *Problemas de gênero*, ao defender que o tabu da homossexualidade antecede, no pensamento freudiano, o tabu do incesto, Butler pretende denunciar, em torno disso, o "falso fundacionismo"[11] depositado por ele na ideia de predisposição, como se Freud transpusesse para o território do constitucional aquilo que é construído e transmitido pela cultura; "(...) as predisposições", escreve Butler, "não são fatos sexuais primários do psiquismo, mas efeitos produzidos por uma lei imposta pela cultura e pelos atos cúmplices e *transvalorizadores* do ideal do eu".[12] A filósofa pergunta-se, então: Por que aquilo que é remetido por Freud à predisposição não poderia ser entendido como resultado da série de internalizações? O que seriam essas predisposições masculina e feminina originárias[13] diante de cuja hipótese Freud incorre em tantos impasses?[14]

Mas, ao mesmo tempo que delimita esse falso fundacionismo, Butler falha em perceber que a predisposição é, no final das contas, externa à operação metapsicológica de identificação. Ela serve apenas para indicar "tendências" de que Freud se apropria, como explica Butler,[15] para manter coerente a sua suposição de que predisposições masculinas implicariam um objeto feminino e vice-versa.[16] É por isso – quer dizer, por não perceber que o caráter metapsicológico da identificação, ao contrário

---

8   S. Freud 1923a/2011, p. 31.
9   Ibid., p. 32.
10   Ibid., p. 36.
11   J. Butler 1990/2003, p. 117.
12   Ibid., p. 117.
13   Ibid., p. 111.
14   Retomo este parágrafo de L. Silveira 2020.
15   J. Butler 1990/2003, p. 111.
16   Ver S. Freud 1923a/2011, p. 42.

do pressuposto da heterossexualidade, prescinde afinal da ideia de predisposição – que, a meu ver, Butler pode atribuir a Freud o fato de, em *O Eu e o Isso*, restringir ao pai a possibilidade da identificação primária – isto é, aquela que não é feita como resultado do abandono do investimento objetal. Ela escreve:

> Na formação inicial da identificação menino-pai, Freud especula que a identificação ocorre sem o investimento objetal anterior, o que significa que a identificação em questão não é a consequência de um amor perdido ou proibido do filho pelo pai. Posteriormente, contudo, Freud postula a bissexualidade primária como fator complicador do processo de formação do caráter e do gênero. Com a postulação de um conjunto de disposições bissexuais da libido, não há razão para negar o amor sexual original do filho pelo pai, mas Freud implicitamente o faz.[17]

Ora, o que acontece no texto de *O Eu e o Isso* é algo diferente, porque o trecho em que Freud se refere a isso guarda uma ambivalência que não reverbera no texto de Butler. Freud chega, com efeito, a reconhecer a possibilidade de vincular à mãe a "identificação primária". Ao falar sobre esse tipo de operação psíquica e dizer que ela se refere a uma identificação "com o pai da pré-história pessoal", Freud insere uma nota de rodapé que se inicia do seguinte modo: "Seria talvez mais prudente dizer 'com os pais', pois pai e mãe não são avaliados de forma diversa, antes do conhecimento seguro da diferença entre os sexos, da falta de pênis".[18]

Isso certamente não seria suficiente para questionar o pressuposto da heterossexualidade; como mostra Butler de modo brilhante, ele é enraizado na elaboração freudiana do complexo de Édipo e em seus desdobramentos nas formas ditas "positiva" e "negativa". É claro que, além disso (considerada em conjunto a letra de seus textos), para Freud a identificação pressupõe efetivamente a predisposição, e isso implica toda a sua elaboração da hipótese filogenética. Acredito, porém, que a ideia de que a identificação implica o encontro contingente com o outro seja suficiente para, ao menos, trair algo no conceito que ultrapassa o que Freud acabou sedimentando a seu respeito. E, se recusamos a obscura e afinal infundada ideia de predisposição, parece se tornar legítimo perguntar se Freud, todavia, não teria vislumbrado aí uma potência que acabou sendo marginalizada em sua obra devido ao

---

17   J. Butler 1990/2003, p. 109.
18   S. Freud 1923a/2011, p. 39.

fato de ele ter assumido outros desenvolvimentos como necessários, especialmente aqueles, largamente problemáticos, que dizem respeito à sexualidade feminina e à mulher como "ser social".

Para Butler, o conceito freudiano de identificação solapa quando reconhecemos nele a articulação entre melancolia e identidade de gênero e, consequentemente, a vigência de preconceitos fundamentais assumidos por Freud no que concerne à heterossexualidade normativa. Sugiro, ao contrário, que talvez os conceitos de identificação e de Eu sejam o veículo por onde se poderia fazer operar uma quebra naquela equivalência suposta entre cultura e masculinidade, isto é, o operador em que talvez pudéssemos reconhecer um afastamento possível de Freud com relação ao parti pris que G. Lebrun denunciou em seu pensamento, a propósito da hipótese filogenética, como "confusão entre valores socioculturais e normas vitais".[19]

Entre valores culturais e normas vitais, é inevitável encontrar a referência à noção de poder. Em nossa cultura, especialmente na psicanalítica, o termo "fálico" envolve essa noção. Nessa direção, é comum nos depararmos com o argumento de que a beleza da psicanálise estaria em apontar o feminino como algo que estaria para além disso, para além do campo do poder e do desejo pelo poder. Parece-me haver, no entanto, nesse tipo de argumento, uma espécie de torção nos termos empregados: caracteriza-se o próprio feminismo como reivindicação fálica e diz-se que a verdadeira força do feminino estaria em se localizar fora de uma busca por poder. Uma modulação possível dessa ideia, bastante recorrente, é a postura de caracterizar a própria crítica ao patriarcado como uma atitude patriarcalista. Nisso, já se parte de um pressuposto não explicitado, não assumido enquanto tal: os lugares de exercício de poder seriam masculinos em si mesmos. É como se houvesse uma projeção imaginária do ato sexual, de certo modelo de ato sexual – aquele que Freud recolheu, sobretudo, das teorias sexuais infantis –, sobre a política. É difícil evitar, com relação a isso, a impressão de uma certa ilusão, a de que seria possível uma localização da subjetividade fora de relações de poder. E isso não parece ser possível porque a existência social humana simplesmente envolve tais relações. Parece, assim, plausível perguntar se essa correspondência entre fálico, masculinidade e poder não traz consigo a reiteração – e mesmo um projeto de racionalização – do desalojamento de mulheres com relação ao espaço público.

Chama a atenção nesse sentido, ao investigar esse tema, a dificuldade que enfrentamos de encontrar uma resposta para o que permitiria a sustentação da tese

---

19   G. Lebrun 1979/1983, p. 100.

da inveja do pênis – ou seu corolário em Lacan: a tese do falo como significante do desejo. E essa dificuldade parece, entre outras coisas, corroborar a conclusão de Beauvoir a esse respeito. Talvez possamos trabalhar com a hipótese de que o falo é assumido na fantasia neurótica como significante do desejo exatamente na medida em que essa fantasia precisa ser localizada em contexto patriarcal, expressando-o e talvez também o constituindo. Nessa medida, se a resposta para a pergunta "por que o falo é o significante do desejo?" for "porque é isso o que se encontra na clínica", um horizonte de inteligibilidade poderia se colocar a partir daí, mas com a consequência de a tese remeter a uma contingência, e não a uma estrutura trans-histórica ou a uma lógica subjetiva com pretensões de universalidade.

De outro lado, se o termo "falo" na psicanálise lacaniana está a serviço de indicar que a figura materna endereça seu desejo a outros objetos que não a criança, por qual motivo se supõe ser necessário pressupor que tais objetos estariam alojados – ainda que ilusoriamente – em um campo de masculinidade?

Outra coisa que pode ser destacada é o fato recorrente de que qualquer questionamento elaborado nessa direção seja lido como contestação, como se a teoria carecesse de algum tipo de blindagem para que se resguarde a validade da clínica. E é fato que, para muitas pessoas, um percurso de análise está relacionado à própria possibilidade de viver. Parece terrível, de qualquer forma, a disjunção que fica assim colocada: ou preservamos a validade da clínica lacaniana ou fazemos a crítica das "sequelas patriarcalistas"[20] implicadas na teoria.

Por fim, sem aceitar a disjunção, deixo aqui registrada minha defesa da clínica, pois testemunho sua importância como analisante. Que se tenha inventado um dispositivo, ancorado no deslumbrante fenômeno dos sonhos, capaz de nos tornar advertidas com relação ao gozo nas travessias de angústia e desejo, isso é, sem dúvida, um dos maiores feitos de nossa cultura. Estar advertida com relação ao gozo, ou a uma de suas modalidades, aquela que pode alimentar-se do flagelo a mais, de si, da outra e do outro... Gozo, esse movimento tanto mais insidioso e teimoso quanto mais requer um tempo antes de qualquer ponto, um tempo de pulsão, de presença da morte na vida, sua mordida.

Lavras, 4 de agosto de 2023

---

20   Expressão que tomo emprestada de R. Cossi 2020.

> capítulo 1   <.>

entre teses e textos: como o tema da inferioridade da mulher aparece nos ensaios que sigmund freud dedica à sexualidade feminina?[1] <

> Se vocês [...] acharem que a influência da falta de pênis na configuração da feminilidade não passa de uma ideia fixa minha, naturalmente não terei como me defender.
>
> *Freud*

O debate entre feminismo e psicanálise, como sabemos, já possui uma longa história. É extremamente complexo e sinuoso. No entanto, a meu ver, não podemos entrar nele sem lembrar, antes de tudo, que o pensamento freudiano certamente conta entre as próprias condições de possibilidade do feminismo. A tese da bissexualidade originária do ser humano[2] – assumida como um fato biológico/filogenético nos *Três ensaios sobre a teoria da sexualidade* e, além disso, como um fato psíquico nos textos das décadas de 1920 e 1930 – é fundamental nesse sentido, porque serve de

---

1 Texto apresentado como parte da palestra "Emancipação feminina e psicanálise: Alguns problemas em torno do Édipo e da teoria da cultura", realizada no 5º Encontro de Filosofia, História e Epistemologia da Psicologia, Unifor, Fortaleza, outubro de 2017; e publicado como artigo na *Revista de Filosofia Aurora*, v. 33, pp. 6-29, 2021.
2 Para uma crítica desta tese, ver o capítulo "Freud e a melancolia do gênero", em J. Butler, 1990/2003.

ponto de partida para a ideia de que a sexuação resulta de um processo, de um tornar-se. Não estando dada de uma vez por todas, como se se tratasse de algo natural, ela pode ser entendida tanto no seu fator disruptivo, relativamente a uma série de constrições tradicional e ideologicamente vinculadas ao organismo biológico, quanto nas possibilidades históricas que carrega consigo naquilo que concerne à própria construção do humano.

Mas, por outro lado, não podemos descurar do fato de que as últimas considerações de Freud sobre a sexualidade feminina apresentam teses inapelavelmente inaceitáveis. Entre elas, lembremos que Freud situa as mulheres na contracorrente da civilização ao sustentar que seríamos menos capazes de sublimação e que possuiríamos um Supereu mais fraco. Isso é especialmente inaceitável, para dizer o óbvio, porque corresponde a uma argumentação que tende a corroborar a longa tradição patriarcal de alijar as mulheres da esfera pública, tornando, afinal, sem sentido o debate feminista, assim como tornaria sem sentido qualquer debate em que a participação de mulheres contasse como algo relevante: nós estaríamos destituídas das condições para tal participação. Os argumentos de Freud em torno desse ponto enraízam, de modo paradoxal, reivindicações que podem ser caracterizadas como democráticas em pretensões de naturalização, pois, embora uma mulher tenha que *se tornar uma mulher*, aquilo que é decisivo e irredutível para o autor no ponto de partida desse percurso é o fato de a criança possuir ou não possuir um pênis. O problema, a meu ver, não é o fato de a presença do órgão peniano ser relevante ou irrelevante, mas *a direção em que isso é tomado como relevante*, pois se trata de uma direção que pretende respaldar a inferiorização da mulher; ou seja: valer-se do dado anatômico para com ele construir – como se uma coisa se seguisse da outra – todo um conjunto de valores morais, políticos e sociais, incorporando, reeditando e mesmo produzindo elementos profundamente normativos. Assim, esse ponto precisa ainda ser retomado e retrabalhado no sentido não apenas de fazermos a crítica das teses freudianas sobre a sexualidade feminina (crítica que já conta com extensa bibliografia), mas também de mantermos a psicanálise em um lugar que, na verdade, sempre foi o seu: o lugar de fazer uma leitura do nosso tempo.

Ademais, essa ambiguidade, entre fornecer elementos que promovem a emancipação da mulher ou reforçar argumentos que corroboram com sua condição de subalternidade, marca o próprio modo pelo qual Freud afirma que uma mulher se torna mulher a partir da bissexualidade originária da criança. Isso porque em nenhum momento ele rebate essa tese para o menino. É a mulher quem tem que adentrar o processo do tornar-se porque o dado de saída é a referência ao falo. Isso não significa que, para Freud, a sexualidade masculina também não seja um processo, mas ela é um processo considerado mais simples, pois, como veremos na sequência, para Freud, ele não envolve nem uma troca de objeto nem uma troca de genital. É essa suposta simplicidade que permitiria situar a sexualidade masculina em um lugar de referência de partida para a sexualidade feminina. Na verdade, o que conduz a isso são alguns preconceitos do autor, mas é importante reconhecer que eles são aqui dissimulados sob a tese da simplicidade.

Apesar disso, e na direção da tarefa de diagnosticar o próprio tempo, precisamos de ferramentas que nos ajudem a compreender a constituição da subjetividade moderna e os aspectos inconscientes da opressão. O feminismo não pode se esquivar desses problemas e é nessa medida que não parece interessante, do ponto de vista político, simplesmente evitar a teoria psicanalítica.

Não é possível, no entanto, operar com a contribuição possível da psicanálise para o feminismo se assumirmos uma postura de denegação com relação àquilo que há de não fundamentado, de circular e, ao mesmo tempo, de clara determinação histórico-social em certas teses que são de fato mobilizadas por Freud. Em minha leitura, é preciso ter clareza em relação a isso se não quisermos cair na atitude ingênua de pretender salvar Freud diante do debate feminista, como se o fato de reconhecermos a fragilidade de alguns de seus argumentos pusesse em risco a própria existência da psicanálise. Para mim, trata-se do contrário: a existência e a sobrevivência da psicanálise em nossa sociedade dependem em larga medida de nossa capacidade de pôr em marcha certos problemas produzidos pelos textos que Freud dedica à sexualidade feminina, sendo este ainda um dos principais desafios a serem enfrentados atualmente pela teoria psicanalítica. Penso que é preciso, para lidar com isso, conhecer bem o que Freud de fato escreveu. Isso parece algo bastante trivial. E, de fato, é. Curiosamente, no entanto, é muito comum vermos no debate atual uma combinação de atitudes para tentar salvar Freud com o isolamento de suas afirmações, como se o fato de retirá-las de seu contexto pudesse respaldar a reinterpretação salvífica pretendida.

Os comentários que Freud tece a respeito da sexualidade feminina não são desvencilháveis do problema, tão revisitado por ele, do antagonismo entre indivíduo e cultura, já que são comentários radicados numa certa forma de cultura: a da Europa da passagem do século xix para o século xx. Freud estava, a esse respeito, fazendo um diagnóstico da condição da mulher de seu tempo sem explicitá-lo enquanto tal, ao mesmo tempo que lançava as bases para conceber o mal-estar como algo estruturante da civilização. Roudinesco, no capítulo "Com as mulheres" de sua recente biografia de Freud, expressa isso do seguinte modo: que a tese da inveja do pênis "[...] seja exata empiricamente não significa que seja universalizável, na medida em que, mesmo quando em sintonia com a subjetividade infantil, ela pode se modificar em função das transformações da sociedade".[3] [4]

Assim, Freud parte de uma abertura de escuta tão fecunda, promovida no início de seu percurso junto à histeria, para chegar (naquilo que toca a questão da feminilidade) a um ponto tão completamente preso aos preconceitos de sua época.[5] Essa ambiguidade talvez explique, em grande parte, o fato de ser muito comum vermos, de um lado, estudiosas e estudiosos de Freud dizerem que ele absolutamente não era misógino, assim como se poderia, de outro lado, supostamente em prol de um pensamento feminista, jogar fora toda a psicanálise juntamente com as teses misóginas de Freud. No meu entendimento, trata-se de duas atitudes a serem igualmente evitadas. Enquanto a primeira se cega diante da paralisia política embutida na argumentação voltada para a inferioridade feminina, a segunda atua em favor de privar o feminismo de uma ferramenta de reflexão que ele não pode, afinal, dispensar.

Meu objetivo aqui será, então, mostrar em detalhe como Freud tece suas teses a respeito da inferioridade feminina sem diminuir o tom dessas teses, sem escamoteá-las e, ao mesmo tempo, tentando mostrar como elas produzem suas próprias armadilhas, ou seja, tentando destacar os momentos em que a argumentação de Freud simplesmente não se sustenta, ficando refém de modo não marginal de alguns preconceitos próprios – que são, aliás, preconceitos largamente constitutivos do próprio Ocidente.

---

3   É. Roudinesco 2014/2016, p. 339.
4   O breve trecho de Roudinesco alinha-se com o conteúdo de um artigo de J. Mitchell, publicado já na primeira metade da década de 1970 (Mitchell, 1974/1988). É importante reconhecer em Mitchell – malgrado suas próprias ambiguidades, como veremos no capítulo 4 – o papel precursor no desenvolvimento de um tipo de argumentação que situa as teses freudianas sobre a sexualidade feminina como teses que possuem validade (ou parte dela) restrita a mulheres que pertenceram a um certo tempo e a um certo lugar. Embora apenas mais recentemente o feminismo tenha começado a enfrentar o problema da própria referência à mulher (a leitura central aqui é o livro de J. Butler já referido acima e publicado pela primeira vez em 1990), questionando a capacidade do termo de significar algo fixo e estável, é interessante verificar que a entrada da psicanálise no debate feminista, que se dá de fato com a obra de Mitchell, já trazia sólidos elementos nessa direção. Outra referência importante – no sentido da argumentação voltada para situar as teses de Freud sobre sexualidade feminina como teses que podem ser compreendidas como estando a serviço de fazer um diagnóstico do tempo em que foram formuladas – é o ensaio de G. Rubin, 1975. Para uma defesa da legitimidade do termo "mulher" como categoria de análise, ver S. Federici, 2004/2017.
5   Não se trata aqui de insinuar que fosse plausível exigir de Freud que ele não tivesse preconceitos. Todo autor é em alguma medida refém de sua época, por mais que, em certos aspectos (e no caso de Freud eles eram muitos), estejam à frente dela. Trata-se, antes, de insistir, desde o interior do próprio território psicanalítico, na necessidade de nos afastarmos dos pontos cegos de Freud no que diz respeito ao feminino. Não deposito no presente capítulo a pretensão de realizar essa tarefa, apenas a de ensejar um passo em sua direção.

***

Ao longo da década de 1920, Freud procedeu a uma revisão do complexo de Édipo que consistiu em acrescentar-lhe certas teses. A maior parte delas concerne à sexualidade feminina. Essa revisão tem lugar em três principais textos: *A organização sexual infantil* (1923), *A dissolução do complexo de Édipo* (1924) e *Algumas consequências psíquicas da diferença anatômica entre os sexos* (1925). Já na década de 1930, Freud escreve dois textos sobre a sexualidade feminina que dão continuidade a esse procedimento: o ensaio *Sobre a sexualidade feminina*, de 1931, e a conferência *A feminilidade*, 1933. Por fim, em *Análise terminável e interminável*, de 1937, Freud situa o repúdio do feminino como núcleo do inconsciente.

Uma das primeiras coisas que Freud escreve em *A organização sexual infantil* é que a depreciação das mulheres e o horror a elas derivam da convicção de que não possuem pênis.[6] A constatação de que uma certa mulher não possui pênis não conduz, no entanto, o menino a imediatamente fazer qualquer espécie de generalização. Ele não consegue, diz Freud, fazer essa generalização porque supõe que a falta do pênis é o resultado de uma castração que teria sido executada como punição. Em vez de fazer uma generalização como essa, o que o menino passa a pensar é que apenas pessoas desprezíveis do sexo feminino perderam seus órgãos genitais. Supõe ainda que os perderam porque experimentaram impulsos reprováveis como aqueles que ele mesmo experimenta. Assim, ele não transfere essa ideia para a própria mãe: por um longo tempo, ele pensará que ela possui um pênis. Para o menino, nesse momento, ser mulher ainda não é sinônimo de não ter pênis. A mãe só deixa de ter um pênis mais tarde, quando o menino conclui que apenas mulheres podem dar à luz. Ele constrói, então, teorias bastante complicadas para explicar a troca do pênis por um bebê. Em nenhum momento ao longo desse processo, diz Freud, parece ter lugar o reconhecimento da existência de um órgão genital especificamente feminino. O menino imagina que os bebês nascem pelo ânus.

A fase da libido em que o Édipo se expressa é a fase fálica, há pouco tempo descoberta por Freud na clínica, e que ele expõe aqui (no texto de 1923). Isso significa que, para ele, o Édipo tem lugar numa fase que é genital, mas na qual as crianças concebem exclusivamente o genital masculino; a existência do órgão genital feminino permanece, assim pensa Freud, desconhecida pelas crianças.

---

6   S. Freud 1923b/2011, p. 173.

Desse modo, na organização pré-genital sádico-anal não existe ainda a polarização masculino/feminino, apenas aquela entre ativo e passivo. Na fase fálica, Freud sustenta que existe masculinidade, mas não feminilidade. A antítese que se sobrepõe agora à anterior desenha-se entre possuir um órgão genital masculino e ser castrado, e apenas com a puberdade a polaridade sexual coincidiria com masculino e feminino.

Em *A dissolução do complexo de Édipo*,[7] em parte como consequência do reconhecimento do que chamou de fase fálica, Freud considera pela primeira vez que o desenvolvimento sexual da menina seria diferente do desenvolvimento sexual do menino.

Em que consiste a fase fálica? Ela articula, sustenta Freud, masturbação a complexo de Édipo e encontra-se incialmente descrita do ponto de vista do menino. A masturbação, que não corresponde à totalidade da vida sexual da criança, constitui uma descarga genital da excitação sexual relacionada ao complexo de Édipo. Ficará sempre relacionada a isso, afirma ele. O complexo de Édipo ofereceu à criança duas possibilidades de satisfação, uma ativa e outra passiva: a) o menino poderia querer assumir, de modo masculino, o lugar de seu pai, e ter relações sexuais com a mãe assim como ele, caso em que o pai passa a ser percebido como um empecilho; b) o menino poderia querer assumir o lugar da mãe e ser amado pelo pai, caso em que a mãe se tornaria supérflua.

É curioso notar que o pai se torna um *impedimento* enquanto a mãe se torna apenas *supérflua*. De todo modo, diz Freud, provavelmente a criança tem apenas noções muito vagas a respeito do que é uma relação sexual, mas imagina que o pênis tem um papel nela. Freud afirma que a criança imagina isso porque a fantasia da relação entre os pais suscita sensações em seu próprio órgão. O menino imaginava que também as mulheres possuíam pênis, não duvidava desse fato. Agora que passou a assumir a castração como uma possibilidade concreta, no entanto, reconhece que as mulheres são castradas e isso exige que ele encerre o investimento psíquico nos dois caminhos de satisfação apresentados pelo complexo de Édipo exatamente porque ambos acarretavam a perda de seu pênis: o caminho masculino acarretava a castração como uma punição e o feminino a acarretava como pressuposto. Estabelece-se assim um conflito entre o amor a objetos externos e o amor a si mesmo. Para Freud, quando o investimento num objeto externo é abandonado, ele é substituído por uma identificação. Assim, aquela autoridade que era percebida nas figuras parentais, especialmente no pai, passa a ser introjetada, sendo isso que dá origem ao Supereu. A severidade que era atribuída ao pai passa a ser uma severidade interna. A proibição

---

7   S. Freud 1924a/2011.

do incesto, que era algo que chegava até a criança a partir de um lugar externo, passa a ser uma interdição internalizada, e aquela severidade é o que passa a constituir o núcleo do Supereu. Com esse processo, tem lugar uma dessexualização, ao menos parcial, das tendências que constituíam o complexo de Édipo; ou seja: algumas delas são sublimadas.

Outra parte das tendências libidinais do Édipo é inibida em sua meta e transformada em impulsos de afeição e ternura. Do ponto de vista da fantasia da criança, o resultado desse processo é, diz Freud, uma preservação do pênis: o menino afastou a ameaça de castração, mas também impôs ao órgão uma paralisação. É assim que é introduzido, do ponto de vista psíquico, o período de latência, que corresponde a uma interrupção no desenvolvimento sexual da criança.

Há, desse modo, uma série de vinculações entre essas cinco coisas: a organização fálica, o complexo de Édipo, a ameaça de castração, a formação do Supereu e o período de latência. Mas esse resultado poderia talvez ser colocado em xeque, diz o autor, se se considerar que, no caso da menina, as coisas não podem se passar do mesmo modo. É essa questão que o conduz, então, pelo menos no que diz respeito ao movimento do texto, a deter-se na especificidade do desenvolvimento sexual da menina.

Nas meninas, o complexo de Édipo levanta um problema a mais, pensa Freud, porque em ambos os casos a mãe é o objeto original. Ele tem que ser, assim, na menina, uma formação secundária. O problema pode, então, ser formulado do seguinte modo: qual é o processo que leva as meninas a abandonarem esse objeto original que é a mãe e a substituírem a mãe pelo pai?

A primeira observação que Freud faz a esse respeito é que, no caso da menina, as coisas são muito mais obscuras. Isso é algo que ele já indicava em textos anteriores e em que insiste em diversos outros. Não obstante, ele considera que é possível afirmar que também a menina desenvolve um complexo de Édipo, um Supereu, uma organização fálica, um complexo de castração e um período de latência. No entanto, nada disso ocorreria do mesmo modo que no menino. Freud já vincula essas diferenças à morfologia e, para proceder a essa vinculação, *faz uma referência ao feminismo*. Eis o trecho em que isso comparece: "Aqui a exigência feminista de igualdade de direitos entre os sexos não vai longe, a diferença morfológica tem de manifestar-se em diferenças no desenvolvimento psíquico. Anatomia é destino, podemos dizer, parodiando uma frase de Napoleão".[8] Nesse trecho, Freud diz que a questão morfológica, anatômica, reverbera de maneira muito significativa no

---

8   Ibid., p. 211.

psíquico. Mas diz mais do que isso, pois faz uma passagem brusca entre a dimensão psíquica e a dimensão dos direitos e deixa essa passagem sem nenhuma justificativa, sem nenhuma elaboração.

O que Freud pensa, então, que sucede no caso da menina? A menina compara seu clitóris com o órgão genital de um coleguinha e percebe que "saiu perdendo". Toma isso como uma injustiça e, ao mesmo tempo, como sinal de sua inferioridade. Por algum tempo ainda vive a expectativa, diz Freud, de que, quando crescer, virá a ter novamente um órgão tão grande quanto o do menino. A menina descobre, por algum motivo – não necessariamente relacionado a conteúdos psíquicos –, o prazer da zona genital como prazer do clitóris. Mas, em seu caso, não ocorre de imediato uma vinculação entre a masturbação e os investimentos objetais do complexo de Édipo. O que acontece, segundo Freud, é que ela percebe o pênis de um irmão ou coleguinha como sendo um correspondente superior "de seu próprio órgão pequeno e oculto, e passa a ter inveja do pênis".[9] Nisso tem origem o que Freud chama de "complexo de masculinidade" das mulheres, pois a menina imaginaria que já teve um órgão assim e que este lhe foi retirado. Do mesmo modo, supõe que essa seria uma condição singular sua, enquanto que as outras mulheres seriam providas de pênis tal como os meninos. Para Freud, uma das consequências disso é a seguinte: se o Supereu era o resultado do medo da castração (conforme o modelo da introjeção da autoridade), e se a menina não tem o medo da castração (percebendo-se já castrada), então não se registra nela o principal motivo para a instalação do Supereu e para a interrupção da fase fálica. Na menina, a formação do Supereu e a saída da fase fálica, diz Freud, têm que ser pensadas como o resultado de algo que permanece agindo a partir do exterior; são frutos da educação e o que opera aí é o medo de perder o amor dos pais. Nos meninos, o desfecho do complexo de Édipo conduz ao desenvolvimento da consciência moral: o Supereu é o seu herdeiro. O motivo para esse desfecho era a ameaça de castração. Como nas meninas falta esse motivo, uma vez que já seriam castradas, o complexo de Édipo não terá o mesmo destino. Ele poderá ser lentamente abandonado ou submetido ao recalque ou ainda seus efeitos podem se arrastar ao longo da vida psíquica das mulheres. Como quer que seja, sua noção do que é "eticamente normal" tenderá a ser distinta da do homem. Freud escreve, então:

---

9   Ibid., p. 290.

Hesitamos em expressar isso, mas não podemos nos esquivar da noção de que o nível do que é eticamente normal vem a ser outro para a mulher. O Supereu jamais se torna tão inexorável, tão impessoal, tão independente de suas origens afetivas como se requer que seja no homem. Traços de caráter *que sempre foram criticados na mulher* – que ela mostra menos senso de justiça que o homem, menor inclinação a submeter-se às grandes exigências da vida, que é mais frequentemente guiada por sentimentos afetuosos e hostis ao tomar decisões – encontrariam fundamento suficiente na distinta formação do Supereu que acabamos de inferir.[10]

Isso conduz Freud a contestar novamente o feminismo dizendo que não é possível aceitar a equiparação e a equivalência que pretendem existir entre os sexos. Nesse ponto, afirma que, quando um homem também não alcança os padrões da moralidade, é porque nele prevaleceu um desenvolvimento feminino – nesse caso, que surpreendentemente é o caso da maioria, os homens não alcançaram o "ideal masculino",[11] o que se explicaria em virtude da disposição bissexual de todos os seres humanos. Fica clara aqui a circularidade com que Freud se compromete: tendo em vista que se assumiu uma equivalência entre feminino e pouca moralidade, pode-se então sugerir que um homem com frágil desenvolvimento desta só pode ser um homem feminino.

A diferença que caracteriza os complexos femininos de Édipo e de castração, diz Freud, "marca indelevelmente o caráter da mulher *como ser social*".[12] Além disso, e de uma forma associada, ele relaciona a existência das tendências sádicas ao tamanho do órgão fálico, de modo que a ausência de pênis na menina significaria também uma presença menos intensa de impulsos sádicos, o que seria mais um motivo para uma constituição mais frágil do Supereu. Também seria um motivo para que, na menina, a ternura seja mais desenvolvida do que no menino. Escreve Freud em 1933: "A formação do Supereu tem de sofrer nessas circunstâncias, ele não pode alcançar a fortaleza e a independência que lhe dão a sua importância cultural [...]",[13] e afirma que as mulheres possuem menos senso de justiça porque padecem mais de inveja.[14]

---

10   S. Freud 1925/2011, p. 298, grifo meu.
11   Ibid.
12   S. Freud 1931/2010, p. 379, grifo meu.
13   S. Freud 1933b/2010, p. 286.
14   Ibid., p. 292.

Para Freud, é na questão da diferença anatômica que se instala um contraste entre os comportamentos dos dois sexos. No caso do menino, quando lhe sucede observar os órgãos genitais de uma menina, sua reação é ficar indeciso ou desinteressado: "[...] ele nada vê, ou recusa sua percepção, enfraquece-a, busca expedientes para harmonizá-la com sua expectativa".[15] A observação de que as meninas não possuem pênis só se torna importante para o menino mais tarde, quando ele mesmo se depara com alguma ameaça de castração. Tudo se passa como se a ausência de pênis na menina provasse para o menino que a castração era uma ameaça concreta. Essa situação vai dar lugar no menino a duas reações possíveis: *horror ou desprezo pelas mulheres*. Essas duas reações podem se tornar fixas e assim determinar que tipo de relação o menino terá futuramente com as mulheres. Mas esses desenvolvimentos levam um certo tempo para ele. No caso da menina, não há esse tempo. As coisas se processam de imediato: "Num instante ela faz seu julgamento e toma sua decisão. Ela viu, sabe que não tem e quer ter".[16] Esse é o momento em que se instaura, para ela, o "complexo de masculinidade", construído em torno da inveja do pênis. Tal complexo poderá trazer desvios para um curso de desenvolvimento esperado para a menina e que é o seu desenvolvimento no sentido da feminilidade. Se o complexo de masculinidade, diz Freud, não for superado suficientemente cedo, haverá dificuldades para que a menina alcance a posição feminina.

Não sendo assimilada mediante um complexo de masculinidade, a inveja do pênis traria outros tipos de consequências. A primeira seria um sentimento de inferioridade que decorreria dessa ferida narcísica. Inicialmente a menina pensa que se trata de uma inferioridade individual: ela teria sido punida com a ausência de pênis. Depois, quando compreende que se trata de uma característica sexual compartilhada por todas as mulheres, *ela passa a partilhar do desprezo que os homens sentem pelas mulheres*. Esse desprezo assumido envolveria, diz Freud, *uma tentativa da menina de, ao menos nisso, ser semelhante aos homens*. A segunda consequência da inveja do pênis seria que, mesmo depois de se deslocar de seu verdadeiro objeto, ela continuaria a existir como ciúme, que, para Freud, seria um sentimento mais significativo na vida psíquica das mulheres do que na dos homens. A terceira consequência seria um enfraquecimento da ternura que a menina dirigia à mãe, que passa a ser considerada responsável por sua falta de pênis; a menina culpa a mãe por tê-la trazido ao mundo "tão insuficientemente aparelhada".[17] A quarta consequência da inveja do

---

15   Ibid., p. 290.
16   Ibid., p. 291.
17   Ibid., p. 293.

pênis seria a que Freud considera a mais importante: as mulheres hesitariam mais em proceder à masturbação do que os homens, e isso ocorreria porque, sustenta o autor, a masturbação do clitóris é uma atividade masculina e a eliminação da sexualidade clitoridiana constituiria uma precondição necessária para o desenvolvimento da feminilidade. Para Freud, o abandono da masturbação clitoridiana tem que ser explicado pela concorrência de um outro elemento, para além das reprovações oriundas da educação; trata-se, para ele, do fato de a menina se sentir inferior em função de não possuir um pênis. "Dessa maneira", diz Freud, "*o reconhecimento da diferença sexual anatômica* impele a menina a afastar-se da masculinidade e da masturbação masculina, em direção a novas trilhas que levam ao desenvolvimento da feminilidade."[18]

Até esse momento, o desenvolvimento sexual da menina não se referiu ao complexo de Édipo. Agora, porém, sua libido desloca-se: em vez de continuar a desejar um pênis, ela passa a desejar um bebê; e é esse o motivo pelo qual procede àquela substituição da mãe pelo pai em termos de objeto amoroso. Tanto a intensidade quanto a duração da ligação com a mãe tinham sido subestimadas. A menina torna-se "uma pequena mulher", diz Freud, quando passa a ter ciúmes da mãe; o que significa, para ele, que uma modificação em seu órgão sexual principal conduziu então a uma substituição de seu objeto sexual. Ao final da primeira fase de ligação com a mãe, estabelece-se o motivo que vai levar a menina a afastar-se dela. Esse motivo seria o fato de a menina recriminar a mãe por ter lhe dado à luz como mulher, de modo a ter-lhe negado um verdadeiro órgão genital.

Assim, o complexo de castração é o que conduz as meninas ao complexo de Édipo, enquanto que constituía, para os meninos, a saída dele. A relação entre os complexos de Édipo e de castração é capaz de exibir, então, sustenta Freud, o contraste fundamental entre os dois sexos. Essa oposição tem o seu sentido esclarecido pelo próprio conteúdo do complexo de castração: ele inibe e limita a masculinidade enquanto promove a feminilidade. É essa elaboração que Freud considera permitir vincular estreitamente os caminhos da vida psíquica à diferença anatômica entre os sexos:

> A diferença, neste trecho do desenvolvimento sexual do homem e da mulher, ele escreve, é uma consequência compreensível da diversidade anatômica dos genitais e da situação psíquica a ela

---

18   Ibid., p. 295, grifo meu.

relacionada; corresponde à diferença entre a castração realizada e aquela apenas ameaçada.[19]

Freud é muito claro ao afirmar coisas como: "No homem, a influência do complexo de castração deixa também certo grau de menosprezo pela mulher, percebida como castrada";[20] já a mulher "[...] admite o fato de sua castração e, *com isso*, a superioridade do homem e sua própria inferioridade, mas também se revolta contra esse desagradável estado de coisas";[21] a menina "*descobre* a sua inferioridade orgânica",[22] ela "*se dá conta* de seu *defeito*".[23]

É curioso notar que, em um texto de 1912, intitulado *Sobre a mais geral degradação da vida amorosa*, Freud havia observado que é no quadro da impotência psíquica que surge a necessidade do desprezo pela mulher – a necessidade de degradá-la e tomá-la como inferior para que se torne possível sua penetração –, relacionando isso a "razões culturais"[24] que, ao implicarem exigências distintas na "educação"[25] de homens e mulheres, incidiriam em configurações também distintas de suas formas de amar. Dizia, assim, que "a conduta amorosa do homem *no nosso mundo atual civilizado*"[26] – o que podemos quase ler como "em nossa sociedade patriarcal" – "carrega em si absolutamente o selo da impotência psíquica".[27] Ora, podemos então nos perguntar se Freud não havia fornecido elementos que falariam em favor de questionar a origem da sua própria necessidade de, em seus últimos ensaios, atribuir às mulheres o *selo* da inferioridade de modo tão categórico: sem referências a modelos de sociedade. Não estaria Freud, nesse caso, colocando em ato algo que ele mesmo denunciou?

No texto de 1931, três caminhos são identificados a partir do reconhecimento, pela menina, de sua própria inferioridade.

O primeiro caminho seria o afastamento da sexualidade – a menina renuncia à atividade fálica e, com isso, renuncia também "a boa parte de sua masculinidade em outros campos".[28] Desse modo, o fato de a menina se afastar de características

---

19   Ibid., p. 296, grifo meu.
20   S. Freud 1931/2010, p. 378.
21   Ibid., p. 378, grifo meu.
22   Ibid., p. 382, grifo meu.
23   Ibid., p. 383, grifo meu.
24   S. Freud 1912/2018, p. 147.
25   Ibid.
26   Ibid., p. 144, grifo meu.
27   Ibid., p. 144.
28   Ibid., p. 378.

consideradas masculinas seria devido a um processo psíquico dela, e não a imposições exercidas por determinado contexto histórico-social.[29] Freud situa também a neurose nesse primeiro destino e afirma que a inveja do pênis estraga a fruição da sexualidade fálica. A menina, ele alega, sente prazer no clitóris, mas, mesmo assim, abre mão desse prazer porque alimenta o ressentimento de não possuir um pênis.

O segundo caminho seria o apego teimoso à masculinidade e à fantasia de poder ser um homem; a esperança de ter um pênis é transformada em objetivo de vida. Ou seja, também quando a menina assume características consideradas masculinas, isso resultaria de um desenvolvimento psíquico seu e não de algo que se passou num contexto social. O que ocorre aqui, para Freud, é que a menina se recusa a se tornar uma mulher. Com relação a isso, cabe fazer a seguinte observação: se a "masculinização" da mulher seria algo restrito à natureza de um complexo, isso significa que a pessoa que sustenta tal argumento não tem como rebater a objeção de que a necessidade que um homem tem de separar do corpo feminino aquilo que seriam características masculinas – ou o que ela mesma entende como sendo características masculinas – consiste em um gesto igualmente resultante de um complexo: o de rejeição da mulher. Assim, o modo como Freud argumenta nos autorizaria a sustentar que seu próprio discurso seria resultante de um complexo de rejeição da mulher[30] – hipótese para a qual poderíamos, como vimos acima, mobilizar elementos de outros textos do próprio Freud.

---

29 A ingerência de valores sobre o fato de a menina perceber a si mesma como castrada é destacada por S. de Beauvoir no contexto do desenvolvimento de sua crítica a Freud: "Ele supõe", escreve Beauvoir, "que a mulher se sente um homem mutilado. Porém, a ideia de mutilação implica uma comparação e uma valorização [...]. [...] a inveja da menina resulta de uma valorização prévia da virilidade. Freud a encara como existente quando seria preciso explicá-la" (1949/2016, pp. 70-1). Remeto a leitora e o leitor à dissertação de mestrado de P. Bastone (2019), à tese de doutorado de J. Oliva (2018) e ao capítulo seguinte deste livro. Para evidenciar que a questão inteira é de valorização, basta nos perguntarmos o seguinte: por que, afinal, em nenhum momento, nem Freud nem aparentemente seus pacientes cogitam que a posse do pênis poderia (como possibilidade lógica) surgir na fantasia da criança como um castigo? O fato disso não ser cogitado significa que a valorização – positiva da masculinidade, negativa da feminilidade – já foi assumida, ideologicamente, de saída. Impossível não lembrar aqui das palavras de Agostinho em A cidade de Deus: "por que não acreditamos que os órgãos da geração, no ato da geração, poderiam obedecer docilmente à vontade humana, como os demais, se não existisse a libido, justo castigo da desobediência?" (2012)

30 Esse argumento não é meu. Foi apresentado por Thaís Salgado em sua participação como discente, no segundo semestre de 2016, na disciplina "Tópicos especiais em história da filosofia: elementos do debate entre feminismo e psicanálise", do curso de Filosofia da UFLA. M. R. Kehl, em *Deslocamentos do feminino*, desenvolve uma reflexão que articula os pontos cegos de Freud a respeito da mulher ao lugar que ela possuiria em seu próprio desejo. Na apresentação do livro, indica o problema com as seguintes palavras: "Sabemos, pelo próprio Freud, que o mistério que paira sobre o objeto do desejo não reside no objeto; ele é efeito da operação psíquica que produz o fetiche, a partir da denegação que se opera do lado desejante. Assim, cada vez que um psicanalista, depois de Freud, sustentar que existe um ponto impossível de se desvendar sobre o querer das mulheres, devemos lhe responder, como

O terceiro é um caminho bastante sinuoso que leva a menina a tomar o pai como objeto e que constituiria a feminilidade "normal". Freud observa que as opiniões feministas e as mulheres analistas discordam disso. Vale a pena ler o que ele diz dessa vez sobre esse ponto que já sabemos ser recorrente:

> Pode-se prever, escreve Freud, que os analistas com opiniões feministas, assim como as mulheres analistas, não estarão de acordo com essas declarações. *Dificilmente deixarão de objetar que tais teorias provêm do "complexo de masculinidade" do homem e servem para justificar teoricamente sua inata propensão a rebaixar e oprimir a mulher.* [...] Os oponentes dos que assim falam acharão compreensível, por sua vez, *que o sexo feminino não queira admitir o que parece contrariar a tão ansiada igualdade com o homem*.[31]

Ora, poderíamos retrucar que, do mesmíssimo modo, as representantes do sexo feminino acharão compreensível, por sua vez, que os homens não queiram admitir uma igualdade entre os sexos no sentido da oposição superioridade/inferioridade. Mais do que isso: a própria teoria freudiana fornece elementos para que essa rejeição se torne inteligível.[32] Para Freud, no entanto, a situação feminina só se estabelece "quando o desejo pela criança substitui o desejo pelo pênis",[33] restando reservada a satisfação ilimitada para o caso em que a mulher tem um filho do sexo masculino.[34] "Assim, o velho desejo masculino de possuir o pênis ainda transparece na feminilidade consumada. *Mas deveríamos talvez reconhecer tal desejo de pênis como um desejo apuradamente feminino.*"[35] O que Freud escreve aqui senão que o desejo especificamente feminino é, afinal, masculino – o desejo de possuir um pênis?

A psicologia da mulher – da mulher feminina – possuiria ainda outras características que Freud indica aqui retomando elementos que já havia comentado no ensaio *Introdução ao narcisismo*:[36] ela tem mais necessidade de ser amada do que de amar; a inveja do pênis reflete-se na vaidade física, "pois ela deve apreciar mais

---

Sócrates: 'indaga-te a ti mesmo'... Pois só o que um homem recusa saber sobre o seu desejo é capaz de produzir o mistério sobre o objeto ao qual ele se dirige, o desejo de uma mulher" (Kehl 2008, p. 14).

31   S. Freud 1912/2018, p. 379, grifos meus.
32   Que algo se torne inteligível, não significa, obviamente, que se torne aceitável.
33   S. Freud 1925/2011, p. 284.
34   Ibid., p. 291.
35   Ibid., p. 285, grifo meu.
36   S. Freud 1914/2010.

ainda seus encantos, como tardia compensação pela inferioridade sexual original"; o pudor corresponderia a uma intenção de cobrir o "defeito" dos genitais. Ressalta agora, no entanto, que "nem sempre é fácil distinguir o que atribuir à influência da função sexual ou à disciplina social".[37]

Toda essa discussão é claramente atravessada por uma superposição entre dois pares de oposição. De um lado a oposição masculino/feminino; de outro lado, a oposição ativo/passivo. Freud, naturalmente, não procede a ela sem problematizá-la. Essa problematização, no entanto, é acompanhada de pontos cegos e de impasses que, aliás, talvez ainda sejam os nossos em larga medida. Freud afirma que a primeira distinção que fazemos quando nos deparamos com uma pessoa é a distinção macho/fêmea. Costumamos fazer essa distinção com "tranquila certeza", ele diz. Essa certeza não é totalmente partilhada pela anatomia, mas aqui ela corresponde à distinção macho-espermatozoide/fêmea-óvulo. As outras partes do corpo são influenciadas pelo sexo e isso resulta nos chamados caracteres sexuais secundários. Mas a ciência biológica também indica que algumas partes do aparelho sexual masculino se encontram na mulher e vice-versa. "Nisso ela vê sinais de *bissexualidade*, escreve Freud, como se o indivíduo não fosse homem ou mulher, mas sempre as duas coisas, apenas um tanto mais de uma que da outra."[38] Então, por um lado, cada indivíduo, via de regra, produz ou óvulo ou esperma; por outro lado, cada indivíduo se situa numa série de variações extremamente amplas entre masculino e feminino no que diz respeito aos caracteres sexuais secundários. O resultado disso é não ser seguro dizer o que é masculino e o que é feminino a partir da anatomia. Freud pergunta-se, então: será que a psicologia poderia, por sua vez, fazer essa distinção? Para tentar responder a isso ele lembra que a psicanálise transpôs a bissexualidade para a vida psíquica, escrevendo:

> Dizemos, então, que uma pessoa, seja homem ou mulher, comporta-se de maneira masculina num ponto, e feminina em outro. Mas logo vocês verão que isso apenas significa ceder à anatomia e à convenção. Não podem dar *nenhum* conteúdo novo aos conceitos "masculino" e "feminino". A distinção não é psicológica; quando falam em "masculino", normalmente querem dizer "ativo", e quando falam em "feminino", "passivo". É certo que existe essa relação.[39]

---

37   S. Freud 1933b/2010, p. 289.
38   Ibid., p. 265.
39   Ibid., p. 266.

Para sustentar essa existência, Freud refere-se aos organismos sexuais elementares: o óvulo é imóvel e aguarda passivamente ser penetrado pelo espermatozoide. Isso seria um "modelo" para o coito. O macho persegue, agarra e penetra a fêmea. Mas isso não parece resolver muita coisa, ele observa, porque em algumas espécies são as fêmeas que são mais fortes e agressivas e os machos restringem a sua atividade exclusivamente ao ato sexual. A função de gerar e criar a prole também não é invariavelmente atribuída à fêmea. Assim, "mesmo no âmbito da vida sexual humana vocês logo percebem como é insatisfatório identificar a conduta masculina com a atividade e a feminina com a passividade".[40] Mas, para Freud, essa insatisfação, esse "erro de superposição" aparece, na verdade, quando nos afastamos do âmbito sexual. As mulheres podem ser ativas em diversas esferas de suas vidas e os homens precisam desenvolver uma passividade, uma docilidade, para conviver com seus iguais, obviamente pensados aqui como sendo outros homens. Se é assim, se todos os seres humanos possuem as duas tendências – à atividade e à passividade –, então de onde vem aquela superposição? Freud diz aqui, em 1933, *que ela não passa de uma convenção*. Com isso, ele toma bastante distância com relação a alguns de seus próprios textos anteriores que haviam assumido – e não questionado – tal superposição.[41] Eis o trecho:

> Se vocês agora disserem que esses fatos demonstrariam justamente que tanto os homens como as mulheres são bissexuais no sentido psicológico, concluirei apenas que decidiram fazer "ativo" coincidir com "masculino" e "passivo" com "feminino". *Mas aconselho que não o façam. Parece-me inapropriado e nada acrescenta ao que sabemos.*[42]

Isso parece gerar uma enorme confusão na reflexão de Freud porque ele percebe agora que aquela superposição não é nem um pouco tranquilamente sustentável. Afirma então que assumir metas pulsionais passivas exige "uma boa dose de atividade".[43] Ora, isso não deveria reverberar sobre a alegação da inferioridade feminina? Por que Freud não retira as consequências do que identifica aqui? Em vez disso, o que faz é recorrer ao fator constitucional na consideração de que, embora se torne preciso reconhecer o papel da determinação social, ela precisa ser emparelhada

---

40 Ibid., p. 267.
41 Veja-se, por exemplo, a nota acrescentada em 1915 aos *Três ensaios sobre a teoria da sexualidade*, Freud 1905/2016, p. 139.
42 S. Freud 1933b/2010, p. 267, grifos meus.
43 Ibid., p. 268.

a essa interferência: "A supressão da agressividade, prescrita constitucionalmente e imposta socialmente à mulher, favorece o desenvolvimento de fortes impulsos masoquistas, que, como sabemos, têm êxito em ligar-se eroticamente a inclinações destrutivas voltadas para dentro".[44] Mas isso, a seu ver, permite-lhe concluir em favor de uma determinação a-histórica ao dizer que "o masoquismo [...] é realmente feminino".[45] Outro problema coloca-se, então, aqui: se o masoquismo é o fundamento da moralidade, se quanto mais um sujeito agride a si mesmo mais ele se conforma às exigências éticas da cultura, Freud não deveria retirar disso a conclusão de que a sexualidade feminina favoreceria um Supereu mais fortalecido do que no caso do homem? Quer dizer: não deveria concluir a partir disso o contrário do conteúdo de sua insistência em corroborar com o alijamento das mulheres com relação às práticas culturais? Como quer que seja, Freud recua, no espaço de uma página, do questionamento da sobreposição entre feminino e passividade e entre masculino e atividade, indicando uma "solução" para o impasse em torno da ideia de que certas mulheres seriam masculinas enquanto certos homens seriam femininos.

Tendo em vista a impossibilidade apontada de realizar essa sobreposição, é necessário reconhecer, diz Freud, que a psicologia também não soluciona o enigma da feminilidade - e podemos nos perguntar por que, afinal, esse enigma não é também o da masculinidade.[46] De todo modo, Freud escreve que a psicanálise conseguiu investigar "como a mulher vem a ser, como se desenvolve a partir da criança inatamente bissexual".[47] Diz que foi importante para essa investigação o fato de algumas mulheres terem passado a atuar como psicanalistas e que lhe é fácil retrucar às objeções de suas colegas que lhe acusam de adotar preconceitos com relação à sexualidade da mulher porque lhe bastaria dizer que, quando argumentam isso, tais

---

44 Ibid.
45 Ibid.
46 A masculinidade, do ponto de vista da psicanálise freudiana, nunca é dada como algo certo. Um dos principais conflitos do indivíduo do sexo masculino é entendido aí exatamente como a luta para afirmá-la. Mas isso só é assim porque o feminino é tomado como aquilo que se repudia e de que se tem pavor. Evidentemente, tal estado de coisas envolve um exercício de poder. Se a sexualidade masculina não é, apesar de tudo, caracterizada no Ocidente como enigma, isso se deve, como diria Beauvoir (1949/2016), ao fato de o homem ocupar o lugar do mesmo, com o que a mulher se constitui como segundo sexo. Esse problema é abordado por J. Birman (2001), que identifica em Freud, a partir de T. Laqueur (1992/2013), a preservação do modelo do sexo único no qual prevalece a equivalência entre, de um lado, masculino e perfeição e, de outro, feminino e imperfeição. Em P. Ambra (2015) encontramos uma pesquisa sobre a masculinidade do ponto de vista psicanalítico, em que se assume que ela também seria um "continente negro" (expressão usada por Freud para se referir à feminilidade), a despeito de ocupar o lugar da dominação. Para um estudo sobre o modo pelo qual uma crise do patriarcado (que implica a condução da masculinidade para um lugar de fragilidade) fez parte do contexto a partir do qual Freud gestou suas ideias, ver A. Parente, 2017.
47 S. Freud 1933b/2010, p. 269.

mulheres estariam sendo... masculinas![48] Freud chega a dizer que o próprio fato de algumas mulheres se tornarem psicanalistas consiste em um destino do desejo de possuir um pênis.

Relevante nesse contexto é o fato de Freud afirmar que a bissexualidade é mais nítida na mulher do que no homem.[49] O autor relaciona isso ao fato de a mulher possuir dois órgãos sexuais enquanto o homem possui apenas um. Os dois órgãos da mulher são situados, para ele, do seguinte modo: a vagina é propriamente feminina e o clitóris é um análogo do membro masculino. Mesmo que não seja verdade que inexistam sensações vaginais na infância, certo é, sustenta Freud, que o essencial das experiências genitais da infância na mulher ocorre no clitóris. Assim, a vida sexual da mulher possui duas fases, das quais a primeira é uma fase masculina e "apenas a segunda é especificamente feminina".[50] Isso significa que, para Freud, o desenvolvimento da mulher implica, em algum sentido, abrir mão de ser homem, e isso porque ele identificou o prazer clitoridiano como prazer masculino; Freud escreve no texto seguinte: "a garota pequena é um pequeno homem".[51] O desenvolvimento da mulher exige, a seu ver, um abandono da masculinidade. Essa substituição também requer, como já vimos, uma troca de objeto: da mãe pelo pai. A transformação da menina em mulher é mais difícil e mais complicada do que a transformação do menino em homem porque implica duas tarefas a mais: trocar de zona erógena e trocar de objeto. A questão deve então, pensa Freud, concentrar-se no seguinte: como a menina passa "da sua fase masculina para a que lhe é *biologicamente* destinada, a feminina?".[52] Assim, o que Freud está dizendo aqui é mais ou menos o seguinte: todos os seres humanos vivem na infância uma fase sexual masculina; alguns se deslocam dela – as mulheres efetivam esse deslocamento porque isso lhes é biologicamente destinado. A ideia do "tornar-se" é mais forte para a mulher do que para o homem – uma mulher teria que se tornar feminina porque, em primeiro lugar, ela foi masculina. Mas é importante não esquecer que, para Freud, se uma mulher se torna mulher, esse processo é, afinal, enraizado em determinações biológicas.

Em *Análise terminável e interminável*,[53] o repúdio ao feminino passa a ser hipostasiado. Freud trata aqui uma realidade relativa como se fosse uma verdade absoluta. Desaparecem as questões da tipicidade, da determinação social e da "validade

---

48   Ibid.
49   S. Freud 1931/2010.
50   Ibid., p. 376.
51   S. Freud 1933b/2010, p. 271.
52   Ibid., p. 272, grifo meu.
53   S. Freud 1937/2010.

mediana", que constavam – ainda que marginalmente e apenas para serem afinal suprimidas – nos outros textos, especialmente no último, o de 1933. Trata-se, para ele, de destacar dois temas relacionados ao complexo de castração que fornecem ao analista quantidade inusitada de trabalho: na mulher, a inveja do pênis – um esforço positivo por possuir um órgão genital masculino –, e, no homem, a luta contra sua atitude passiva ou feminina para com outro homem. Ambos registram o que Freud chama agora de "repúdio da feminilidade". Há, diz o autor, uma forte heterogeneidade na presença desse tema nos dois sexos: nos homens, o esforço por ser masculino é completamente egossintônico desde o início. A atitude passiva pressupõe uma aceitação da castração e, nessa medida, é energicamente reprimida, só podendo ser identificada mediante o seu contrário: a expressão de compensações excessivas. Nas mulheres, o esforço na direção da masculinidade só é egossintônico em determinado período: na fase fálica, período que é, portanto, anterior ao desenvolvimento na direção da feminilidade. Após esse desenvolvimento, o esforço por masculinidade sucumbe, na mulher que virá a ser "normal", a um intenso processo de recalque. Freud escreve, nesse sentido:

> Em nenhum momento do trabalho analítico padece-se mais da sensação opressiva de empreender repetidamente um esforço em vão e da suspeita de "pregar ao vento" do que quando se quer dissuadir as mulheres de seu desejo irrealizável por um pênis e quando se pretende convencer os homens de que uma atitude passiva para com outros homens nem sempre tem o significado de uma castração e é indispensável em muitos relacionamentos na vida.[54]

A resistência relacionada a esses pontos impede a ocorrência de qualquer mudança no tratamento: "tudo fica como era", indicando seu fim. É nesse contexto, então, que Freud levanta a hipótese de que o repúdio da feminilidade talvez seja, afinal, um fato biológico.

***

Apesar de todos esses esforços de Freud, é difícil afinal, e por diversos motivos (de ordem teórica, epistemológica e política), compreender como o investimento

---

54 Ibid., p. 253.

narcísico do homem no pênis poderia justificar o resultado do ódio e da depreciação direcionados às mulheres, pois entre uma coisa e outra o espaço permanece sendo o de um salto. Talvez, se pudesse alegar que encontraríamos elementos para preencher essa lacuna na própria teoria psicanalítica ao considerarmos a fantasia originária de retorno ao ventre materno. Nela, como aliás em qualquer fantasia, o que estaria em jogo seria algo que provocaria simultaneamente desejo e pavor. O ventre materno representa aí tanto um lugar idílico para o qual se poderia fugir diante de um contexto mundano de desamparo e de desamor quanto o lugar da mais profunda ameaça, na medida em que ir até lá corresponderia, para o sujeito, a deixar de existir. A questão, todavia, permanece a mesma: por que essa ambiguidade depositada, via fantasia, no sexo capaz de conceber precisou ser traduzida socialmente em sua depreciação e psicanaliticamente na ideia de que as próprias mulheres desenvolvem um sentimento de inferioridade? Por que essa convergência de afetos tão intensos se modulou de maneira longeva na expectativa de situar o feminino como algo externo a uma caracterização decisiva da cultura?

A leitura dos textos de Freud sobre a sexualidade feminina parece permitir destacar dois pontos essenciais concernentes a essas questões:

1- Tais textos de fato pretendem desdobrar um novo enraizamento teórico para a necessidade patriarcal de impor a inferioridade como traço feminino. O compromisso das teses freudianas sobre a especificidade da sexualidade feminina para com essa consequência e essa intenção não pode ser camuflado nem contemporizado.

2- De outro lado, foi possível identificar pontos em que Freud reconheceu a fragilidade das equivalências assumidas, como se estivesse prestes a abrir portas na direção de um questionamento fundamental, apesar de, na sequência, ter recuado daquilo que pôde apenas vislumbrar.

Isso dá lugar, para encaminhar o encerramento deste capítulo, à possibilidade de levantar as seguintes perguntas: em que direção poderíamos explorar a porta de hesitação entreaberta por Freud – precisamente o momento em que ele reconhece que nem mesmo a psicologia estava preparada para definir os termos masculino e feminino – de modo que a teoria psicanalítica não precise continuar a corroborar o peso da tradição patriarcal? Seria isso possível? Como preservar a importância da reflexão sobre a diferença sexual – ou as diferenças sexuais – sem que isso signifique subscrever o repúdio do feminino, que Freud de modo acertado enxergou como algo profundamente entranhado em nossa cultura, embora não o tenha reconhecido como um fator histórico? Como essas questões poderiam reverberar sobre a construção do complexo de Édipo? Faria sentido preservá-lo como operador teórico ou seria necessário pensar para além dele?

Evidentemente precisamos lembrar aqui, por fim, do caráter ambíguo que Freud atribui à moralidade. Ela tem sua origem no par sadismo/masoquismo. Diante dessa ambiguidade, não seria mérito do feminino sua localização marginal? O problema, a meu ver, não consiste em questionar a importância subjetiva das margens da moralidade, pois de fato, como Freud mesmo nos ensina, há muitas armadilhas em torno do Supereu e muitos paradoxos em torno da rigidez moral. O problema é a insistência em dizer – de uma maneira que nunca chega a se fundamentar – que esse lugar é, para o bem e para o mal, o do feminino. Mais do que isso, como vimos, em Freud, esse lugar é irredutivelmente vinculado a um dado anatômico,[55] de modo que, como diria Beauvoir, é tomado como algo de alguma forma determinante do *destino* das mulheres. Ocorre que estar advertida para com os paradoxos da rigidez moral não corresponde, evidentemente, a abrir mão da própria inserção cultural.

---

55   Conquanto alegue muitas vezes o contrário, Lacan também não se desvencilhou dessa referência anatômica. Argumento isso no capítulo 6.

> capítulo II

sexualidade feminina, alienação corporal e destino: discutindo algumas teses de sigmund freud a partir da crítica de simone de beauvoir[1] <

> Para a minha mãe, Socorro,
> que está lendo O segundo sexo e
> discutindo-o comigo.

Simone de Beauvoir, em *O segundo sexo*, dirige a Freud uma crítica cujo centro, assim podemos dizer, não foi digerido pela psicanálise até os dias de hoje. Tal centro reside em assumir que a valorização do falo precisa ser pensada como algo resultante do próprio patriarcado, algo que diz respeito ao próprio contexto e às premissas historicamente situáveis que produziram a opressão da mulher e sua designação como Outro. Talvez o momento da obra em que ela seja formulada da forma mais condensada seja o seguinte: Freud supõe, escreve Beauvoir,

> que a mulher se sente um homem mutilado. Porém, a ideia de mutilação implica uma comparação e uma valorização (...). (...) a inveja da menina resulta de uma valorização prévia da virilidade. Freud a encara como existente quando seria preciso explicá-la.[2]

---

[1] Este texto foi apresentado como minicurso no *I Congresso Internacional Simone de Beauvoir* (UFSCar, 2019). Foi também publicado em *IPSEITAS*, v. 5, pp. 106-127, 2019, e em BRÍGIDO, E. e PONCIANO, J. (orgs.) *A revolução do pensamento feminino: Epopeia de novos tempos*. São Carlos: Pedro & João Editores, 2021, pp. 17-49.

[2] S. de Beauvoir 1949/2016, pp. 70-1.

53

Um dos passos importantes para lidar com esse ponto é, evidentemente, fazer uma leitura detalhada do segundo item da primeira parte do livro de Beauvoir, dedicado à psicanálise. Mas isso envolve também outro aspecto que parece ultrapassar a superfície do texto assim demarcado na medida em que exige colocar, um ao lado do outro, o problema do falo em Freud e o modo pelo qual Beauvoir trabalha a questão da alienação corporal. Este capítulo aposta na possibilidade de que o enfrentamento do tema da alienação corporal, quando colocado diante da crítica a Freud, permita solicitar certos avanços no próprio diagnóstico fornecido por Beauvoir a respeito da psicanálise. Na tentativa de contemplar tal proposta, o texto seguirá três movimentos: 1. fornecer um comentário do item *O ponto de vista psicanalítico*; 2. apresentar o problema da alienação corporal tal como ele aparece em *O segundo sexo*; e 3. formular algumas questões que entendo serem decorrentes do confronto dos dois passos anteriores com algumas teses de Freud a respeito da sexualidade feminina.

I.

O item *O ponto de vista psicanalítico* do livro *O segundo sexo* inicia com a constatação de que o saber inaugurado por Freud realizou um progresso: o de considerar que tudo o que intervém na vida psíquica possui um sentido humano. Ao assumir que aquilo que existe concretamente é o corpo vivido pelo sujeito, e não o corpo-objeto descrito pelos cientistas, a psicanálise consiste em algo de fundamental para a ideia de que "a fêmea é uma mulher na medida em que se sente como tal".[3] O que define a mulher não é a natureza e, assim, diz Beauvoir, um órgão sem importância biológica – o clitóris – é de muita relevância para essa definição, enquanto os ovários não o são. A mulher define a si mesma contextualizando sua natureza em sua afetividade. Porque a psicanálise nos ajuda a compreender isso, Beauvoir quer examinar sua contribuição para o estudo da mulher.

Mas esse exame, diz a autora, possui dificuldades próprias, e a principal é o fato de que certas crenças estão profundamente envolvidas no estudo da psicanálise, como se se tratasse de uma religião. Isso significa que a teoria possui uma elasticidade enorme a partir de uma base que é constituída por conceitos rígidos. Há palavras

---

3   Ibid., p. 67.

que às vezes são tomadas em sentido estrito e, outras vezes, em sentido muito ampliado. É o caso, diz Beauvoir, da palavra "falo", que às vezes significa o pênis e às vezes possui um valor simbólico a partir de um sentido alargado, relacionado ao caráter e ao campo semântico do termo "virilidade". Por causa disso, a psicanálise foge à crítica que lhe deve ser feita: "Se se ataca a letra da doutrina, o psicanalista afirma que lhe desconhecemos o espírito; se se lhe aprova o espírito, ele procura de imediato restringir-nos à letra".[4]

Beauvoir afirma que, apesar dessa dificuldade, é necessário dissipar alguns equívocos na psicanálise. O primeiro equívoco que é apontado por ela concerne a uma crítica formulada por Sartre e Merleau-Ponty. A questão é que a tese da importância da sexualidade, "a sexualidade é coextensiva à existência",[5] pode ser entendida de duas maneiras muito distintas entre si: a) tudo o que ocorre com o existente possui uma significação sexual; e b) todo fenômeno sexual possui um sentido existencial. Para Beauvoir, seria possível conciliar essas duas interpretações. Isso deve ser pensado à luz de outro ponto que é o fato de, supostamente, a noção de sexualidade ter se tornado vaga na psicanálise a partir do momento em que se separou sexualidade de genitalidade. Beauvoir vale-se aqui de uma definição fornecida por Roland Dalbiez: "O sexual em Freud é a aptidão intrínseca para animar o genital".[6] A autora sublinha que a noção de aptidão não serve para nada e que, portanto, essa concepção de sexualidade não ganha em precisão ao ser vinculada a ela.

Ora, trata-se aqui, para dizer o mínimo, de um recurso infeliz. A sexualidade infantil envolve, para Freud, pulsões parciais, e nela não vige o primado da genitalidade, que só se institui com a puberdade, sendo exatamente isso que o psicanalista quer evitar ser projetado retroativamente na infância. A sexualidade na psicanálise diz respeito ao fato de o corpo obter prazer com certas atividades, um prazer que se descola da satisfação das necessidades para ser vivido independentemente dela. Um prazer plástico e "perverso", de cuja energia, após a repressão, a cultura se vale para se constituir.[7] Assim, apesar de Beauvoir pontuar o fato de que importa à psicanálise separar de algum modo sexualidade e genitalidade, ela não parece levar em conta o sentido que Freud atribui a isso.

---

4 Ibid.
5 Ibid., p. 68.
6 Ibid., p. 68.
7 Diz Freud: "(...) as energias utilizáveis no trabalho da cultura são obtidas, em grande parte, pela repressão dos chamados elementos *perversos* da excitação sexual" (1908/2015, p. 370). A palavra aqui vertida por "repressão" é "*Unterdrückung*" (Freud, 1908/2000, p. 19).

Cabe lembrar aqui que um dos principais objetivos de Freud nos *Três ensaios de teoria sexual*[8] é contestar a opinião popular alicerçada nos seguintes elementos: um ser humano ou é homem ou é mulher, a pulsão sexual está ausente na infância, manifesta-se na puberdade e na atração que um sexo exerce sobre o outro, seu objetivo é a união sexual mediante os órgãos genitais. É por esse motivo que Freud, no primeiro dos ensaios, procede a uma crítica da concepção tradicional de sexualidade, pretendendo mostrar que essa concepção é muito restrita e inadequada para a caracterização de todo um conjunto de condutas e fenômenos reconhecidamente sexuais.

Freud argumenta que há muitos aspectos do comportamento sexual que não estão relacionados à reprodução, o que permite perceber que a definição tradicional é falsa exatamente porque não dá conta daquilo que se propõe a definir. Tudo se passa aqui como se Freud estivesse reconhecendo que aquilo que então aparecia como uma definição era, na verdade, uma norma: não descreve o que algo é, mas dita como algo deve ser. Escreve Freud:

> A opinião popular tem ideias bastante definidas sobre a natureza e as características dessa pulsão sexual. Ela estaria ausente na infância, apareceria na época da puberdade, ligada ao processo de maturação desta, e se revelaria nas manifestações da irresistível atração que um sexo exerce sobre o outro; e sua meta seria a união sexual, ou, pelo menos, as ações que se acham no caminho para ela.
>
> Mas temos motivos para ver nessas informações um quadro infiel da realidade; a um exame mais atento, elas se mostram plenas de erros, imprecisões e conclusões precipitadas.[9]

O primeiro argumento de Freud para proceder à revisão proposta é a consideração das perversões. O segundo argumento é o do pré-prazer, ou prazer preliminar. A concepção tradicional – que vincula a sexualidade aos órgãos genitais e com a qual é preciso romper – não é incompatível apenas com a sexualidade infantil – já amplamente observada, mas, segundo Freud, tomada como exceção. Ela é incompatível com a caracterização sexual das próprias perversões e com algo que participa do ato de reprodução: o prazer preliminar..

---

8   S. Freud 1905/2016.
9   Ibid., p. 21, tradução modificada.

A palavra "perversão" é importante aqui. Trata-se de um termo empregado pela psiquiatria do século xix com a pretensão de nomear comportamentos então considerados patológicos, que correspondiam à busca de prazer de modo independente do ato sexual reprodutivo.[10] A concepção tradicional entende as perversões como sexuais, embora escapem exatamente ao critério eleito para caracterizar a sexualidade. A questão é: como seria possível caracterizar as perversões como sexuais partindo de uma definição de sexualidade que exclui de seu campo tudo aquilo que não tem a ver com reprodução e, portanto, com a genitalidade? Ou passamos a considerar as perversões como fenômenos que não estão no registro da sexualidade ou precisamos de um conceito mais abrangente de sexualidade. Se as perversões são sexuais, então a sexualidade não pode ser restrita à reprodução. Dito de outro modo: como poderia a psiquiatria reconhecer determinados comportamentos como perversões sexuais se eles não fossem, exatamente, sexuais?

Freud afirma expressamente que a palavra "perversão" é imprópria no contexto da patologia: a disposição perverso-polimorfa é algo comum a todos os seres humanos, pois, evidentemente, nenhuma relação sexual, nem mesmo as que eram entendidas como norma, se restringe ao coito. Lemos:

> Em nenhum indivíduo são estaria ausente, em sua meta sexual normal, um ingrediente a ser denominado perverso, e já bastaria essa universalidade para demostrar como é inadequado usar reprovativamente o nome "perversão". Justamente no âmbito da vida sexual deparamos com dificuldades especiais, insuperáveis atualmente, ao querer traçar uma nítida fronteira entre simples variações no interior da escala fisiológica e sintomas patológicos.[11]

À psicanálise importa reconhecer, portanto, que a meta sexual não pode ser apenas o coito, a união dos órgãos genitais, e que o objeto não pode ser apenas um adulto do sexo oposto. "Na concepção da psicanálise (...)", escreve Freud, "também o interesse exclusivo do homem pela mulher é um problema que requer explicação, não é algo evidente em si, baseado numa atração fundamentalmente química."[12] O procedimento de Freud nessa obra é tentar tornar isso mais específico, ou seja, tornar claro que a concepção tradicional identifica indevidamente sexualidade e reprodução/

---

10   Cf., por exemplo, R. von Krafft-Ebing 1886/2001.
11   S. Freud 1905/2016, p. 56.
12   Ibid., p. 35.

genitalidade ao indicar como objeto um sujeito adulto do sexo oposto e ao afirmar que sua meta é única e exclusivamente a união genital. Ela faz isso adotando a reprodução como ideal normativo e pretendendo que, com ele, o limite entre o que é sexual e o que não é esteja muito claramente estabelecido. O problema é que esse limite não se adéqua aos fenômenos. Tornar o conceito de sexualidade mais abrangente, incluindo as perversões e os prazeres preliminares, possibilitará, então, a inclusão da sexualidade infantil. Apesar de todos os problemas que vão se desdobrar a partir dessa argumentação de Freud, é importante reconhecer que essa é a estratégia assumida por ele aqui.

Não é difícil, então, identificar que uma compreensão desse movimento teórico está ausente do item escrito por Beauvoir. De todo modo, ela traz três pontos sobre os quais é necessário ponderar: Freud não estuda a sexualidade feminina em si mesma; não se preocupou muito com o destino da mulher; não situa a libido feminina em sua originalidade. O segundo ponto é profundamente precipitado e intelectualmente injusto, visto que o próprio nascimento da psicanálise se deve a uma preocupação com a sexualidade feminina. Mas, articulando os dois outros pontos entre si, é fato que Freud caracterizou a libido como masculina em si mesma. Não obstante, Beauvoir se interessa em sublinhar que Freud indicou pela primeira vez a (suposta) importância de se reconhecer que as mulheres possuiriam dois sistemas eróticos, enquanto os homens possuem apenas um. Assim, o processo pelo qual se atravessa o narcisismo para se vincular a libido a um objeto é, na mulher, muito mais complexo. Ela escreve, concordando com Freud: "Há somente uma etapa genital para o homem enquanto há duas para a mulher; ela se arrisca bem mais do que ele a não atingir o termo de sua evolução sexual, a permanecer no estágio infantil e, consequentemente, a desenvolver neuroses".[13]

É curioso perceber que o interesse de Beauvoir pelo tema do destino reverbera a famosa apropriação que Freud faz de uma frase de Napoleão: a anatomia é o destino; sendo isso algo que ela cita e recusa explicitamente. A ideia de que haveria um destino para as mulheres – seja ele biológico, psíquico ou econômico – corresponde exatamente ao ponto que Beauvoir quer desmontar (apesar de sustentar, juntamente com Freud, como acabamos de ver, que o percurso da mulher seria mais complexo do que o do homem) e, no que diz respeito ao aspecto psíquico, ela formula uma dupla crítica à descrição freudiana do Édipo; ambos os pontos decorrem do fato de ele ter sido pensado na mulher a partir de um modelo masculino.[14] Com

---

13 S. de Beauvoir 1949/2016, p. 69.
14 Sobre esse ponto, conferir o capítulo 1.

relação a isso, Beauvoir afirma duas coisas que não encontram sustentação nos textos de Freud: que o fato de ele ter pensado o desenvolvimento sexual da menina, pelo menos inicialmente, como simétrico ao do menino o teria feito adotar a expressão "complexo de Electra" (tal expressão foi proposta por Jung, porém rejeitada explicitamente por Freud);[15] e que a diferença pontuada por Freud passa pela ideia de que a menina possui inicialmente uma fixação materna, enquanto "o menino nunca é atraído sexualmente pelo pai".[16] Freud afirma, ao contrário, que as crianças de ambos os sexos desenvolvem atração pelos dois genitores[17] e que pensar de outro modo corresponderia a uma simplificação exagerada, embora a mãe seja o primeiro objeto de amor nos dois casos.[18] Mas, como já indicado no início deste capítulo, o principal desdobramento das considerações de Beauvoir sobre o complexo de Édipo consiste em convocar o reconhecimento de que a valorização do falo não poderia ter origem numa simples comparação anatômica – "a inveja da menina resulta de uma valorização prévia da virilidade",[19] valorização que, para a autora, deve receber um diagnóstico próprio.

O segundo aspecto desse mesmo ponto é, de acordo com Beauvoir, a ideia de que, mesmo entre os meninos, não seria possível afirmar a existência geral de um complexo de Édipo de ordem propriamente genital. Os casos em que o pai seria para a menina fonte de excitação genital seriam exceções. A autora sustenta que, na verdade, o prazer clitoridiano se isola e só se vincula a diversas outras zonas erógenas na puberdade: "Dizer que na criança de dez anos os beijos e as carícias do pai têm 'uma aptidão intrínseca'[20] para despertar o prazer clitoridiano é uma asserção que na maioria dos casos não tem qualquer sentido".[21] Beauvoir parece aqui confundir, em um sentido inconsistente com a argumentação dos *Três ensaios...*, sexualidade com genitalidade – como se pretendesse denunciar que a separação não teria sido de fato realizada pelo psicanalista –, e, como já vimos, uma leitura rápida dessa obra de Freud seria suficiente para perceber que ele rompeu (e precisou romper) com tal correspondência. Na verdade, para ele, o prazer "fálico" localizado no clitóris é inserido em fantasias que dizem respeito à mãe[22] – em nenhum momento Freud parece

---

15   S. Freud 1931/2010, p. 377.
16   S. de Beauvoir 1949/2016, p. 70.
17   S. Freud 1923a/2011, p. 41; 1925/2011, p. 287.
18   Ibid., p. 288.
19   S. de Beauvoir 1949/2016, p. 71.
20   Infelizmente Beauvoir não informa qual seria a fonte bibliográfica à qual estaria se referindo aqui (como ocorre, aliás, com frequência no livro).
21   S. de Beauvoir 1949/2016, p. 71.
22   S. Freud 1931/2010, p. 382.

ter vinculado esse prazer a carícias oferecidas pelo pai. Esse descompasso tem lugar, sobretudo, porque Beauvoir pensa o pai como algo originário no desejo da menina. E é estranho que ela coloque isso desse modo porque, à medida que se refere à importância das duas zonas erógenas para a menina, ficamos com a impressão de que os textos que coloca no horizonte são aqueles das décadas de 1920 e 1930.[23] No entanto, se sua referência fossem tais textos, ela não teria escrito que, para Freud, o pai poderia ser situado como objeto originário para a menina. "O fato de o desejo feminino voltar-se para um ser soberano dá-lhe um caráter original, mas a menina não é constitutiva de seu objeto, ela o sofre. A soberania do pai é um fato de ordem social, e Freud malogra em explicá-lo (...)."[24] Reconhecido que, ao contrário, para o Freud das décadas de 1920 e 1930, o pai não é o objeto originário da menina, isso, no entanto, não elimina a segunda parte do raciocínio: a menina "sofre" a virilidade, a virilidade lhe é imposta como valor superior. E, de fato, Freud toma a soberania do pai como um dado intrínseco à cultura.

É importante observar que, surpreendentemente, para Beauvoir, o pênis não deixa de ser um privilégio anatômico. Isso porque, de acordo com ela, o órgão possui a capacidade de atender a um "fato existencial",[25] qual seja, o sujeito possui uma tendência para a alienação. O pênis é investido da condição de duplo; é ao mesmo tempo algo estranho ao menino e o próprio menino; ele é tratado como se fosse um personagem independente; nele têm lugar a função urinária e a ereção, e ambas as coisas se localizam entre o voluntário e o involuntário; no pênis a transcendência "se encarna" "de maneira apreensível";[26] "(...) é porque o falo é separado que o homem pode integrar na sua individualidade a vida que o ultrapassa".[27] Por todos esses motivos, o pênis é, para o menino, um *alter ego* no qual ele pode se reconhecer sem se tornar inteiramente objeto; situação essa não disponível para a menina:

> Privada desse *alter ego*, a menina não se aliena numa coisa apreensível, não se recupera; em consequência, ela é levada a fazer-se por inteira objeto, a pôr-se como o Outro; a questão de saber se se comparou ou não aos meninos é secundária; *o importante é que, mesmo não conhecida por ela, a ausência de pênis a impede de se tornar presente a si própria enquanto sexo; disso resultarão muitas consequências*. Mas

---

23   Mencionados abaixo e comentados em detalhe no capítulo 1.
24   S. de Beauvoir 1949/2016, p. 71.
25   Ibid., p. 76.
26   Ibid., p. 77.
27   Ibid.

essas constantes que assinalamos não definem entretanto um destino: o falo assume tão grande valor porque simboliza uma soberania que se realiza em outros campos.[28]

Esse ponto é articulado pela filósofa a uma caracterização do desejo da fêmea como tensão entre atração e repulsa, da qual o desejo do macho não padeceria: "(...) seria preciso encarar como um dado original essa espécie de apelo a um tempo urgente e amedrontado que é o desejo da fêmea; é a síntese indissolúvel da atração e da repulsa que o caracteriza".[29] O problema, para Beauvoir, não reside no privilégio anatômico em si – que, afinal, ela aceita desde que fique restrito a tal registro –, mas na passagem do privilégio anatômico para o privilégio humano, pois, nesse caso, o dado anatômico só pode ser apreendido se inserido numa totalidade, o que corresponde à necessidade de situar historicamente a psicanálise.[30]

O movimento do texto de Beauvoir que se segue à crítica ao complexo de Édipo é valorizar a contribuição de Alfred Adler. Este psicanalista teria compreendido a insuficiência de se fundamentar a compreensão da vida humana exclusivamente na sexualidade. Mas esta é uma compreensão bem complicada de Freud, que sempre trabalhou com dualismos pulsionais, que conferem um lugar privilegiado à agressividade em *O mal-estar na cultura*,[31] que revigora o sentido do desamparo na segunda teoria da angústia[32] – embora de fato nada disso seja, para o autor, desvinculado dos destinos da libido, do modo pelo qual o aparelho psíquico está num corpo suscetível de excitação e capaz de alcançar prazer. A ideia mais importante que Beauvoir busca em Adler parece ser a de que "a menina não inveja o falo a não ser como símbolo dos privilégios concedidos aos meninos; o lugar que o pai ocupa na família, a preponderância universal dos machos, a educação, tudo confirma a ideia da superioridade masculina".[33] Porém, Adler também sustenta que a mulher se aceita integralmente como mulher quando admite sua inferioridade; sua posição no coito, vivida como humilhação, seria prova disso. Desse modo, a mulher "é dividida contra si mesma muito mais profundamente do que o homem".[34] Ou seja: Adler retoma o psíquico como destino e, se Beauvoir faz esse recurso a seu

---

28   Ibid., grifo meu.
29   Ibid., pp. 78-9.
30   Ibid., p. 78.
31   S. Freud 1930/2010.
32   S. Freud 1926/2014.
33   S. de Beauvoir 1949/2016, p. 72.
34   Ibid.

pensamento, precisa, afinal, encerrar o item identificando as descrições de Adler como descrições de caminhos inautênticos.

A despeito desse apontamento derradeiro da discordância com Adler, o fato de a referência ser este autor nos indica que Beauvoir está pensando a psicanálise a partir de um lugar alheio a ela, pois Adler lhe permite, justamente, dirimir o papel da sexualidade na direção da idealização de uma unidade psíquica. É isso, aliás, o que ela explicitamente busca em Adler: "Foi por ter compreendido a insuficiência de um sistema que assenta unicamente na sexualidade o desenvolvimento da vida humana que Adler se separou de Freud (...)".[35]

A saída que Beauvoir encontra para concordar com esse ponto de Adler é defender a necessidade de reconhecermos que diversas atividades humanas são tão originais quanto o comportamento sexual. Ela escreve:

> Amassar o barro, cavar um buraco, são atividades tão originais como o amplexo, o coito: enganam-se os que veem nelas símbolos sexuais tão somente; o buraco, o visgo, o entalhe, a dureza, a integridade são realidades primeiras; o interesse que o homem lhes vota não é ditado pela libido, mas esta é que é colorida pela maneira pela qual elas foram descobertas por ele. Não é porque simboliza a virgindade feminina que a integridade fascina o homem: é seu amor à integridade que torna preciosa a virgindade.[36]

Parece haver aqui uma incompreensão fundamental de algo que Freud pretende colocar em jogo, pois, para o psicanalista, as pulsões sexuais exigem de nós um trabalho psíquico sob a forma de fantasia, trabalho que as outras forças que nos movem não exigem. Freud não recusa a existência dessas outras forças – seja no primeiro ou no segundo dualismo pulsional – e rebate de modo incisivo a acusação de pansexualismo:

> (...) cabe assinalar como é equivocada a objeção de pansexualismo que frequentemente se faz a ela [à psicanálise]. Conforme essa objeção, a teoria psicanalítica não conhece outras forças psíquicas pulsionais senão as puramente sexuais, e assim fazendo explora preconceitos populares, ao utilizar "sexual" não no sentido analítico, e sim vulgar.[37]

---

35 Ibid., p. 71.
36 Ibid., p. 75.
37 S. Freud 1924b/2011, p. 242.

Para Freud, a questão é tornar inteligível a possibilidade do sintoma, o que significa reconhecer o conflito que instaura no sujeito a sua divisão. A pulsão sexual é dotada de uma plasticidade tal (seu objeto é o mais variável, ela é sublimável, pode se transformar no contrário, voltar-se para o próprio eu, ser recalcada)[38] que sua energia pode ser deslocada para diversas vicissitudes. Não se pode sublimar ou recalcar a fome.[39] Assim, se a condição humana é uma condição de conflito (isso é provado pela neurose e é para explicar o enigma aí envolvido que Freud precisa construir uma teoria da cultura), haverá sempre uma tensão entre aquilo que aparece de mim para mim e as motivações que subjazem a esse aparecimento. O que se situa entre uma coisa e outra é a defesa, e ela só se torna compreensível quando articulada a exigências libidinais. Para Freud, não há como lidar com uma realidade que fosse independente da realidade psíquica, esta que é erigida fantasisticamente e, afinal, exigida pela libido. É por isso que, podemos dizer, para ele, a suposição de um amor à integridade – isso que Beauvoir invoca no trecho que acabo de citar – seria algo muito mais místico do que tentar decifrar os interesses vinculados à preservação da virgindade.

Assim, não é de admirar que Beauvoir passe a defender que a vida psíquica precisa ser apreendida em sua unidade e que isso só pode ser feito à luz da "intencionalidade original da existência".[40] A autora escreve

> Em não remontando a essa fonte o homem se apresenta como um campo de batalha entre impulsos e proibições igualmente destituídos de sentido e contingentes. Há, em todos os psicanalistas, uma recusa sistemática da ideia de *escolha* e da noção de valor que lhe é correlativa; é o que constitui a fraqueza intrínseca do sistema. Tendo desligado impulsos e proibições da escolha existencial, Freud malogra em explicar-lhes a origem: toma-os por dados.[41]

Esse trecho traz muitas questões complexas, não será possível desdobrá-las por completo aqui. Mas todas parecem exigir a contrapartida das seguintes observações: 1- É claro que a questão do valor é toda a questão da psicanálise; 2- Freud não aceitaria que a escolha, de modo geral, fosse compreendida como uma escolha consciente, mas não se trata para ele de um jogo mecânico cego entre impulsos, já que *a questão*

---

38 S. Freud 1915/2013.
39 Embora as funções relacionadas às pulsões de autoconservação possam, é claro, ser colonizadas pela libido.
40 S. de Beauvoir 1949/2016, p. 74.
41 Ibid.

da representação é a questão do sentido; 3- O que não é contingente é o fato de a cultura exigir renúncia pulsional; 4- Assim, não parece ser possível atribuir, ao menos não desse modo, essa fraqueza intrínseca à psicanálise; 5- É bem complicada a ideia de que Freud malogra em explicar a origem porque, ao dizer isso, Beauvoir parece perder de vista muita coisa: autoerotismo, narcisismo, identificação, passagem para escolha de objeto etc. De fato, fazer uma crítica da psicanálise é, como disse Beauvoir no início do item, uma tarefa bem difícil. Mas se torna mais difícil ainda quando se toma como alvo dessa crítica a caricatura de uma teoria.

Quando Beauvoir mobiliza a ideia de unidade psíquica, articulando isso com a intencionalidade da consciência que ela localiza como chave de suas análises, vemos que, de certo modo, com relação à psicanálise – vale dizer, do "ponto de vista psicanalítico" –, ela perdeu o debate. Porque entrega que enxerga as teses e conceitos a partir de um lugar que é totalmente estranho à teoria freudiana e que é exatamente essa presunção de unidade. Em larga medida, mesmo uma leitura introdutória de Freud, nos permite dizer que ela opera com muitas falsas questões. Mas, significaria isso dizer que, se quisermos preservar o ponto de vista psicanalítico, não temos outra saída a não ser seguir Freud e admitir, junto com ele, a inferioridade psíquico-social da mulher? Ora, mesmo que a psicanálise assuma premissas antípodas com relação ao existencialismo (especialmente no que diz respeito à identificação do ser humano com a consciência), mesmo que preservemos essa tese central de Freud da relação entre inconsciente e sexualidade, fato é que resta inexplicada a circularidade entre cultura e masculinidade que Freud deriva disso tudo. E que Beauvoir nos ajuda a enxergar.

Assim, a filósofa denuncia a forte incidência na psicanálise da equivalência entre as ideias de masculinidade e de ser humano, afirmando que *é do ponto de vista dos homens* que o feminino é identificado com condutas de alienação e o masculino com condutas de transcendência,[42] indicando a necessidade de conceber a mulher entre o lugar de Outro, ao qual é convocada, e sua própria reivindicação de liberdade. Beauvoir escreve que "(...) é particularmente entre os psicanalistas que o homem é definido como ser humano e a mulher como fêmea: todas as vezes que ela se conduz como ser humano, afirma-se que ela imita o macho"[43] e, de fato, como destacado no primeiro capítulo deste livro, Freud sustenta, por exemplo, em um total

---

42   Ibid., p. 80.
43   Ibid., p. 81.

curto-circuito de raciocínio, que mulheres que argumentam acusando-o de possuir preconceitos com relação à sexualidade feminina são, nisso, masculinas.[44]

A crítica de Beauvoir à psicanálise é recolocada na conclusão d'*O segundo sexo* nos seguintes termos:

> A mulher, dizem, inveja o pênis do homem e deseja castrá-lo; mas o desejo infantil do pênis só assume importância na vida da mulher adulta se ela sente sua feminilidade como uma mutilação; e é então, por encarnar todos os privilégios da virilidade, que ela almeja apropriar-se do órgão masculino.[45]

Assim, em um mundo de igualdade entre homens e mulheres, o próprio sentido do complexo de castração e do complexo de Édipo seria alterado.[46]

Tendo em vista esses elementos, a questão a ser encaminhada aqui é: como essa leitura da psicanálise se insere na reflexão mais ampla sobre as origens do patriarcado?

2.

Desde o início do livro, logo na "Introdução", Beauvoir deixa bem marcado que irá sustentar que "a função de fêmea *não basta* para definir a mulher".[47] Seria, no entanto, uma atitude de má-fé uma mulher pretender situar-se além de seu sexo, e, de acordo com ela, o que faz com que um ser humano seja mulher *é sua estrutura fisiológica*. Ao dizer que o caso da dominação da mulher pelo homem guarda uma especificidade que não se apresenta em nenhum outro lugar, que não se trata, por exemplo, da dominação de uma minoria pela maioria – como no caso dos judeus ou dos negros nos EUA, Beauvoir escreve:

> Nem sempre houve proletários, sempre houve mulheres. *Elas são mulheres em virtude de sua estrutura fisiológica*; por mais longe que se remonte na história, sempre estiveram subordinadas ao homem: *sua*

---

44   S. Freud 1933b/2010, p. 269.
45   S. de Beauvoir 1949/2016, p. 542.
46   Ibid., p. 551.
47   Ibid., p.11, grifo meu.

> *dependência não é consequência de um evento ou de uma evolução, ela não aconteceu*. É, em parte, porque *escapa ao caráter acidental do fato histórico* que a alteridade aparece aqui como um absoluto.[48]

A filósofa adverte, é claro, que a natureza não é um campo de dados imutáveis. Mas em que sentido isso é mobilizado aqui?

Veremos na sequência. É importante, todavia, colocar de saída que esse encaminhamento permite formular outra questão: qual a origem desse estado de coisas? Por que "o homem venceu desde o início"?[49] Não poderia ter sido que as mulheres tivessem vencido? Ou então: a luta não poderia ter permanecido sem um vencedor?[50] São essas as perguntas que, afinal, estruturam o livro.

Beauvoir assume a perspectiva da moral existencialista, com o que ela se refere à transcendência e à liberdade como horizontes legítimos da existência e, por conseguinte, à caracterização do mal como queda na imanência. Lemos, ainda na introdução:

> Todo sujeito coloca-se concretamente através de projetos como uma transcendência; só alcança sua liberdade pela sua constante superação em vista de outras liberdades; não há outra justificação da existência presente senão sua expansão para um futuro indefinidamente aberto. Cada vez que a transcendência cai na imanência, há degradação da existência "em si", da liberdade em facticidade; essa queda é uma falha moral, se consentida pelo sujeito. Se lhe é infligida, assume o aspecto de frustração ou opressão. Em ambos os casos, é um mal absoluto.[51]

Assim, se um ser humano, ele próprio, se direciona a uma condição de imanência na qual perde seu lugar de sujeito, isso deve ser avaliado moralmente como um mal, porque se coloca contra aquilo que é essencial a uma existência humana: a liberdade na transcendência. Se o ser humano é liberdade, o que isso nos revela sobre a condição da mulher? Ela existe, afirma Beauvoir, em um mundo no qual "os homens lhe impõem a condição de Outro".[52] Nessa condição de Outro, ela é conduzida à posição de objeto, e não de sujeito; de imanência, e não de transcendência. Estar nesse

---

48 Ibid., p. 15, grifos meus.
49 Ibid., p. 18.
50 Ibid.
51 Ibid., p. 26.
52 Ibid.

lugar de imanência significa que, em vez de transcender a si mesma por si mesma, ela é transcendida por outra consciência que se situa historicamente como essencial e com relação à qual sua subordinação se coloca.

Beauvoir quer, então, se perguntar como a mulher poderia encontrar sua liberdade partindo dessa situação, que é de recusa de sua liberdade. Essa questão *não pode, no entanto, ser colocada se for assumida a ideia de que a mulher possui um destino*, seja ele fisiológico, psicológico ou econômico. É esse o problema que constitui a primeira parte da obra e que conduz a autora tanto a uma discussão da biologia quanto da psicanálise.[53]

Com relação à biologia, temos então o item 1 (*Os dados da biologia*), em que Beauvoir se questiona o que é a fêmea no reino animal e como ela se especifica na mulher. Vou precisar apresentar com algum detalhe os elementos desse item porque eles são necessários para a construção da questão que quero colocar ao final.

No início do capítulo, Beauvoir observa que o homem vê a fêmea como um sexo desprezível:

> O termo "fêmea" é pejorativo não porque enraíza a mulher na Natureza, mas porque a confina no seu sexo. E se esse sexo parece ao homem desprezível e inimigo, mesmo nos bichos inocentes, é evidentemente por causa da inquieta hostilidade que a mulher suscita no homem; entretanto, *ele quer encontrar na biologia uma justificação desse sentimento*.[54]

Observo de passagem que isso é, afinal e apesar de tudo, o que Freud faz; ele explicita essa hostilidade transferindo-a para um nível psíquico. Mas, por outros motivos que ainda vão ficar claros, é importante destacar esse ponto: é o homem que quer encontrar na biologia uma justificação para o seu desprezo pelas mulheres. Trata-se de algo decisivo para o feminismo e também para a leitura que Beauvoir faz de Freud.

As informações da biologia mostram que a divisão em dois sexos é acidental, "um fato irredutível e contingente";[55] um fato que não possuiria explicação empírica nem fundamento ontológico, sendo impossível justificá-lo *a priori*.[56] A ideia da passividade da fêmea é um preconceito biológico; a geração da vida depende dos dois

---

53   E também do materialismo histórico, que não é destacado na discussão que proponho aqui.
54   S. de Beauvoir 1949/2016, p. 31, grifo meu.
55   Ibid., p. 33.
56   Ibid., p. 37.

gametas. Também constitui um preconceito a ideia de que o princípio masculino teria uma existência fugaz, ficando a permanência da espécie ao encargo da fêmea.

A consideração do organismo feminino como totalidade precisa ser referida ao fato de que, nos mamíferos, a vida se torna mais complexa e se individualiza de maneira mais concreta. Essa complexidade se expressa nos seguintes elementos: é o macho quem possui a fêmea ao penetrá-la; ele possui órgãos adaptados para isso e costuma ser o mais forte; à fêmea cabe ter a sua interioridade violentada; o macho vence a resistência dessa interioridade e se realiza nisso como atividade; o órgão feminino não passa de um "receptáculo inerte"[57] enquanto o masculino se apresenta como um instrumento. Nos mamíferos, a fêmea "*sofre* o coito que a aliena de si mesma pela penetração e pela fecundação interna".[58] Assim, o encontro sexual é vivido pela fêmea como algo que diz respeito à sua interioridade e não à "relação com o mundo e com outrem",[59] a despeito do fato de ela experimentar individualmente a necessidade sexual. Após o coito, o macho retorna à sua individualidade, que era nele superada. Diferentemente, a fêmea, após o coito, não retoma sua individualidade; ela é alienada após ter sido violentada; é alienada, diz a autora, pela presença do feto no interior do seu corpo. Normalmente, a fêmea "(...) não procura afirmar sua individualidade; não se opõe aos machos nem às outras fêmeas; quase não tem espírito combativo".[60] Ela abdica de sua individualidade em prol da espécie. A sexualidade é imediata na fêmea e mediatizada no macho; o macho tem que vencer uma distância entre o seu desejo e a satisfação desse desejo. Ele pode se afirmar em sua autonomia enquanto a fêmea é "possuída por forças estranhas".[61] Quanto mais o organismo se individualiza, mais se acirra a oposição entre os sexos: mais dominador se torna o macho, mais serva se torna a fêmea. Quanto mais complexa é a vida, mais intenso se torna o conflito entre os interesses individuais da fêmea e as forças de geração da vida que se manifestam nela.

Um outro ponto soma-se a essas diferenças fisiológicas, pois o desenvolvimento biológico da mulher é muito mais complexo do que o do homem. No desejo do homem, ele é seu corpo; no coito, ele supera a espécie e essa superação coincide "com o momento subjetivo de sua transcendência".[62] Já no caso da mulher, a espécie toma posse dela desde o nascimento: ela nasce com todos os óvulos. A mulher vive a

---

57 Ibid., p. 49.
58 Ibid.
59 Ibid.
60 Ibid., p. 50.
61 Ibid., p. 52.
62 Ibid., p. 53.

puberdade como uma crise, como se a espécie não pudesse se instalar em seu corpo sem que este ofereça resistência. Esse conflito enfraquece seu organismo e coloca sua vida em perigo. O ciclo hormonal e a sequência gravidez, parto, amamentação cobram um alto preço do organismo feminino. Além disso, diz Beauvoir, no período pré-menstrual, a mulher se torna mais emotiva, nervosa e irritada; seu funcionamento psíquico fica perturbado. Precisamente aqui se localiza de maneira mais contundente a questão da alienação corporal. Ela escreve:

> É nesse período que ela sente mais penosamente seu corpo como uma coisa opaca alienada; esse corpo é presa de uma vida obstinada e alheia que cada mês faz e desfaz dentro dele um berço; cada mês, uma criança prepara-se para nascer e aborta no desmantelamento das rendas vermelhas; a mulher, como o homem, *é* seu corpo, mas seu corpo não é ela, é outra coisa.[63]

O organismo da mulher é marcado por uma instabilidade geral e isso afeta de maneira intensa seu sistema nervoso e seu controle muscular. Por isso a mulher, diz a filósofa, é mais emotiva, mais sujeita a variações vasculares (alteração da frequência dos batimentos cardíacos, ruborização) e a manifestações convulsivas (lágrimas, gargalhadas, ataques de nervos). A mulher tem um domínio menos extenso sobre o mundo e é mais intensamente submetida à espécie. Esses dados biológicos são, para Beauvoir, extremamente importantes porque fazem parte da situação da mulher, e negar a própria situação seria má-fé. Mas eles não podem ser compreendidos como fatos que impusessem a ela um destino imutável, pois negar a transcendência também seria má-fé.

Além disso, estar numa condição humana significa, evidencia a autora, ter se afastado de qualquer ideia de uma hierarquia natural de valores. O naturalismo não deve incidir sobre a ética, pois "é somente dentro de uma perspectiva humana que se podem comparar o macho e a fêmea dentro da espécie humana".[64] O ser humano não é uma espécie natural; é um ser que vem a ser, um ser que não é dado. Assim, a comparação entre o homem e a mulher não deve ser feita no registro da biologia, mas no registro de seu vir a ser histórico, isto é, num registro em que seja possível identificar suas possibilidades de transcendência, e não de identificação com o passado. É

---

63 Ibid., p. 57.
64 Ibid., p. 60.

nesse sentido que Beauvoir observa que a "inferioridade muscular"[65] da mulher é um fato que não pode ser negado, mas que não possui sentido em si mesmo. Ela escreve:

> A mulher é mais fraca do que o homem; ela possui menos força muscular, menos glóbulos vermelhos, menor capacidade respiratória; corre menos depressa, ergue pesos menos pesados, não há quase nenhum esporte em que possa competir com ele; não pode enfrentar o macho na luta. A essa fraqueza acrescentam-se a instabilidade, a falta de controle e a fragilidade de que falamos: são fatos. *Seu domínio sobre o mundo é portanto mais estrito*; ela tem *menos firmeza e menos perseverança em projetos os quais é também menos capaz de executar*. Isso significa que sua vida individual é *menos rica* do que a do homem.[66]

Este trecho guarda uma relevância especial para o ponto em que quero chegar, pois, se tomamos esta outra observação da própria autora: "não é a fisiologia que pode criar valores",[67] feita no mesmo contexto e apenas duas páginas adiante, não poderíamos pensar que caracterizar como "fato" uma suposta maior riqueza da relação do homem com o mundo não é algo que justamente mescla fato e valor, quer dizer, uma expressão que faz aquilo que Beauvoir diz não podermos fazer?

A filósofa elabora uma argumentação extremamente importante na direção contrária. Ela sustenta que o corpo tem que ser pensado a partir da existência e que, tendo isso em vista, a biologia se torna um conhecimento abstrato. Na medida em que, ao dado fisiológico, é atribuída uma significação, essa significação depende de todo um contexto, que é um contexto de fins, e não de dados. Na condição humana, a apreensão do mundo assumiu uma independência da força corporal; ela se restringe a um "mínimo utilizável",[68] de modo que as diferenças de força muscular entre o homem e a mulher restam anuladas. A energia muscular não pode ser o alicerce de um domínio do homem sobre a mulher porque os costumes proibiriam a violência. Assim, "(...) é preciso que haja referências existenciais, econômicas e morais para que a noção de fraqueza possa ser concretamente definida".[69] Mas, podemos nos perguntar, não é estranho que tais ponderações não tenham impedido a filósofa de afirmar que, em algum nível, a relação do homem com o mundo é mais rica e que

---

65 Ibid., p. 62.
66 Ibid., grifos meus.
67 Ibid., p. 64.
68 Ibid., p. 63.
69 Ibid.

ele é mais capaz de perseverar em seus projetos? Se é *do ponto de vista dos homens* que o masculino é entendido como transcendência, por que a colocação em perspectiva dessa ideia tende a desaparecer quando Beauvoir assume, simultaneamente, que a biologia, embora sendo algo ultrapassado nas condições atuais de nossa existência, é extremamente relevante na compreensão da situação da mulher e que, a partir de seus dados, a transcendência teria se situado como prerrogativa masculina?

Beauvoir parece estar dizendo que há uma "condição" biológica da mulher que, no entanto, em nosso momento histórico, não é relevantemente presente ou operante na esfera dos valores devido ao fato de que a realização da transcendência não depende mais da força corporal. Teria havido, no entanto, um momento histórico em que a transcendência foi prerrogativa dos homens e toda a questão da liberdade feminina residiria no fato de que tal momento encontra-se, em alguma medida, superado, de modo que em nosso tempo as condições estão colocadas para que a biologia não seja destino. Nessa direção, Beauvoir escreve depois (no item sobre o materialismo histórico) que "nenhum desejo de revolução" "habita" a mulher, "nem ela poderia suprimir-se enquanto sexo; ela pede somente *que certas consequências da especificação sexual sejam abolidas*".[70] Esta frase assume que há consequências da especificação sexual, que essas consequências são nocivas para a condição da mulher e que, como tais, devem ser abolidas. Beauvoir não supõe, no entanto, como espero ter conseguido mostrar, que essas consequências inexistam enquanto tais.

3.

Poderíamos nos perguntar se haveria uma ambiguidade na caracterização que Beauvoir faz do problema do destino? Em caso positivo, o que isso nos diria a respeito da crítica que a filósofa faz a Freud?

Se, por um lado, é verdade que o pensamento de Freud desempenha um papel central no movimento de reivindicar a constituição da sexualidade humana como histórica para além dos dados naturais, trazendo com isso algo de indispensável ao feminismo e ao pensamento progressista de modo geral, por outro lado, o sentido em que ele argumenta que um ser humano torna-se mulher devido a determinados percursos possíveis é bem distinto da já clássica sentença beauvoiriana "ninguém

---

[70] Ibid., p. 88, grifo meu.

nasce mulher; torna-se mulher",[71] [72] a começar porque Freud retira de cena aquilo que, para a filósofa, é o principal: a valorização do falo imposta à criança.

Quando nas décadas de 1920 e 1930 Freud procede a uma revisão de sua teoria do complexo de Édipo na direção de recusar a simetria entre o Édipo masculino e o feminino, ele propõe paralelamente que a menina precisa desenvolver dois processos a mais do que o menino – trocar de objeto (a mãe pelo pai) e trocar de zona erógena (o clitóris pela vagina) – e que, em função de certos desdobramentos implicados nisso, as mulheres possuem uma ética precária,[73] padecem mais de inveja e de ciúme, sendo suas decisões direcionadas, sobretudo, pelo afeto.[74] Toda a situação é remetida à anatomia, pois as diferenças nas configurações psíquicas do menino e da menina resultam da distância entre uma castração consumada e outra ameaçada: "A diferença, neste trecho do desenvolvimento sexual do homem e da mulher", escreve Freud, "é *uma consequência compreensível da diversidade anatômica dos genitais* e da situação psíquica a ela relacionada; corresponde à diferença entre a castração realizada e aquela apenas ameaçada."[75] É no contexto dessa incontornabilidade da anatomia que surge aquela referência já mencionada a Napoleão, e, para Freud, isso estaria diretamente relacionado ao feminismo no sentido preciso de que sua reivindicação seria solapada de dentro, a partir da própria constituição psíquica das mulheres: "Aqui a exigência feminista de igualdade de direitos entre os sexos não vai longe, a diferença morfológica tem de manifestar-se em diferenças no

---

71 Ibid., p. 11.
72 No posfácio ao volume "Amor, sexualidade, feminilidade" das *Obras incompletas de Sigmund Freud*, M. R. Kehl afirma que a frase "não se nasce mulher, torna-se mulher" é, na verdade, de autoria de Freud, tendo sido erroneamente atribuída a Beauvoir (2018, p. 362). Freud de fato afirma que interessa à psicanálise investigar como uma criança se torna uma mulher em vista do ponto de partida de sua bissexualidade e, nesse sentido, afirma, na tradução do volume posfaciado por Kehl: "Corresponde à singularidade da psicanálise não querer descrever o que é a mulher – isso seria para ela uma tarefa quase impossível de resolver – mas, sim, pesquisar como ela se torna mulher, como se desenvolve a partir da criança dotada de disposição bissexual" (Freud, 1933/2018, p. 318). Mas é desprovido de fundamento a tentativa de identificar as duas construções (a de Beauvoir e a de Freud) e, sobretudo, de suprimir a distância de sentido que as separa e que se situa fundamentalmente no fato de que o tornar-se mulher da menina se impõe porque, na verdade, no início, ela seria um "pequeno homem" (conferir as páginas seguintes e o capítulo 1, acima). O pensamento freudiano, com seu brilho próprio e com seus próprios impasses, não faz sombra nem às ideias de Beauvoir nem à originalidade de sua mais repercutida frase.
73 Se um homem não alcança o nível do que é "eticamente normal" (Freud 19525/2011, p. 298), trata-se aí, diz Freud, do resultado de interferências de caracteres femininos sobre o "ideal masculino": "(...) admitiremos de bom grado que também a maioria dos homens fica muito atrás do ideal masculino e que todos os indivíduos, graças à disposição bissexual e à herança genética cruzada, reúnem em si caracteres masculinos e femininos, de modo que a masculinidade e a feminilidade puras permanecem construções teóricas de conteúdo incerto." (Ibid., p. 286). Esses pontos do pensamento freudiano estão desenvolvidos no capítulo 1.
74 Ibid., p. 298; S. Freud 1933b/2010, pp. 286 e 292.
75 Ibid., p. 296, grifo meu.

desenvolvimento psíquico. Anatomia é destino, podemos dizer, parodiando uma frase de Napoleão".[76] Não é correto supor, então, que Freud estivesse se referindo a uma dimensão exclusivamente psíquica, a algo que não reverberasse em compleições sociais. Se o fato de ele afirmar, em *Psicologia das massas e análise do Eu*, que a psicologia individual é social[77] acaso não fosse suficiente para entendermos isso (suponho que é), bastar-nos-ia acompanhar Freud argumentar que a diferença que caracteriza o complexo feminino de Édipo e o de castração "marca indelevelmente o caráter da mulher como ser social".[78] É, então, no entrelaçamento entre psíquico e social que, para Freud, a menina "*descobre* a sua inferioridade orgânica",[79] "*se dá conta* de seu *defeito*"[80] e, apesar disso lhe causar indignação, a mulher "(...) *admite* o fato de sua castração e, *com isso*, a superioridade do homem e sua própria inferioridade".[81] Já no homem, uma das consequências da travessia do complexo de castração é o fato de se alojar nele o sentimento de menosprezo pelas mulheres.[82] Devido a esse descompasso, pensa Freud, não é possível aceitar a reivindicação feminista de igualdade entre os sexos.[83] Para o psicanalista, esse impedimento enraíza-se afinal no fato de a bissexualidade ser mais marcada na mulher do que no homem,[84] pois ela possui dois órgãos sexuais, sendo um deles um análogo do membro masculino – o clitóris – e apenas o outro – a vagina – propriamente feminino. Como para ele uma mulher se torna mulher ao deslocar o prazer do clitóris para a vagina, segue-se que a primeira etapa da sexualidade da menina é uma etapa masculina, e esse tornar-se corresponde a um abandono da masculinidade. "A garota pequena é um pequeno homem",[85] escreve Freud. Assim, para ele, perguntar-se como uma mulher se torna mulher equivale a perguntar como a menina passa "da sua fase masculina para a que lhe é *biologicamente* destinada, a feminina?".[86] Há, assim, em um sentido oposto ao que é pensado por Beauvoir, uma *destinação* biológica da menina, que exige que ela atravesse um processo de vir a ser no qual o propósito prevalecente é a renúncia à masculinidade.

---

76 S. Freud 1924a/2011, p. 211.
77 S. Freud, 1921/2011, p. 14.
78 S. Freud 1931/2010, p. 379.
79 Ibid., p. 382, grifo meu.
80 Ibid., p. 383, grifo meu.
81 Ibid., p. 378, grifos meus.
82 Ibid.
83 S. Freud 1924a/2011, p. 211.
84 S. Freud 1931/2010, p. 376.
85 S. Freud 1933b/2010, p. 271.
86 Ibid., p. 272, grifo meu.

Como vimos, Beauvoir não recusa a ideia de que a posse do pênis corresponderia a um privilégio, que ela mesma vincula, de uma maneira que é sem dúvida paradoxal, ao critério *moral* da transcendência. Assim, o que Freud não teria percebido seria *apenas* a ilegitimidade da passagem de um privilégio anatômico para um privilégio humano.

Na coletânea *Feminist interpretations of Simone de Beauvoir*, organizada por Margaret Simons, encontramos dois textos dedicados ao problema da alienação corporal, tal como articulado em *O segundo sexo*.

No ensaio "Beauvoir's two senses of 'body' in *The second sex*", Julie Ward recusa a crítica de que a filósofa teria sucumbido aos mitos patriarcais a respeito do corpo feminino.[87] Escreve, nesse sentido:

> (...) como aponta Beauvoir, não se podem fazer afirmações neutras e desprovidas de perspectiva sobre a biologia feminina, uma vez que as capacidades físicas de ambos os sexos só ganham significado quando colocadas num contexto cultural e histórico – defendo que isso é o que Beauvoir quer dizer ao indicar que o corpo deve ser visto como uma *situação*.[88]

E alega que tomar o corpo como situação corresponde a rejeitar a noção de um "corpo natural, sexuado".[89] Assim, sustenta a autora, quando Beauvoir diz que uma mulher se torna mulher, isso significa que não apenas o "gênero", mas o próprio corpo é socialmente construído. Ward argumenta que não haveria contradição entre as declarações de Beauvoir a respeito do corpo feminino sob a perspectiva da biologia e sua consideração de que o corpo é construído histórico-socialmente. Mas será que essas são as únicas duas alternativas possíveis: ou se trata de uma contradição ou os dois momentos são plenamente compatíveis entre si? Não poderíamos pensar que, em vez de contradição, temos uma tensão, uma ambiguidade que, se dissipada, eliminaria o próprio fenômeno que Beauvoir quer explicar (as origens do patriarcado)? Concordo com Ward quando ela diz que Beauvoir não aceita os enunciados aparentemente essencialistas sobre o corpo feminino,[90] mas em que medida ela não os aceita? Como situar essa recusa? Certamente isso pode ser equacionado nos

---

87   J. Ward 1995, p. 225.
88   Ibid.
89   Ibid., p. 226.
90   Ibid., p. 227.

seguintes termos: como nossa existência é social e histórica, os dados da biologia não determinam o destino da mulher. Mas para uma mulher, pensa Beauvoir, negar sua situação seria má-fé. E a biologia faz parte, para ela e naqueles termos, dessa situação com a qual é preciso lidar. Há, assim, uma ruptura entre biologia e existência. Desse modo, por mais que Ward esteja correta ao afirmar sobre Beauvoir que "a sociedade humana é uma *antiphysis* – em certo sentido, ela é algo que se coloca contra a natureza; ela não se submete à presença da natureza, mas assume o controle da natureza por sua própria conta",[91] precisamos considerar que afirmar uma ruptura não significa simplesmente eliminar aquilo com o que se rompe; ou seja, sustentar que a existência rompe, *hoje*, com a biologia, não corresponde simplesmente a eliminar do mapa os "dados" fornecidos por esta. Ward lembra que, no início do capítulo 3, Beauvoir escreve:

> Viu-se que, biologicamente, os dois traços que caracterizam a mulher são os seguintes: seu domínio sobre o mundo é menos extenso que o do homem; ela é mais estreitamente submetida à espécie. Mas esses fatos assumem um valor inteiramente diferente segundo o seu contexto econômico e social. Na história humana, o domínio do mundo não se define nunca pelo corpo nu (...).[92]

E, nessa direção, Ward adverte que, apesar das afirmações de Beauvoir em torno da fraqueza da mulher e de sua instabilidade emocional, ela insere tais afirmações no argumento de que, sem a referência existencial, essas caracterizações são desprovidas de sentido na medida em que são *incompletas*.[93] Mas, se temos uma desigualdade a ser anulada, em primeiro lugar ela tem de estar lá, ela precisa ser, em alguma medida, prévia à anulação. Não posso reivindicar que uma desigualdade seja anulada se não assumir que ela existe ou que se coloca em algum registro da experiência. Ward diz ainda que, para Beauvoir, a diferença biológica "não significa nada". Como pretendo ter mostrado antes, é muito claro que, ao contrário, essa diferença, para Beauvoir, significa (ou significava em tempos pregressos) uma relação menos "rica" com o mundo, sendo isso colocado à luz do estabelecimento de uma correspondência entre transcendência e momento subjetivo do homem no ato sexual. E, afinal, como a situação de opressão poderia, no próprio contexto da argumentação

---

91 Ibid., p. 230.
92 S. de Beauvoir 1949/2016, p. 83.
93 J. Ward 1995, p. 232.

de Beauvoir, ser explicada sem essa referência à natureza? A mulher é segundo sexo na história do Ocidente, sustenta Beauvoir, em função de seu corpo, que engendra, é penetrado no ato sexual e expressa menos força muscular do que o corpo do homem. O sexo biológico parece, de fato, ter sido usado (e, tudo indica, infelizmente, ainda é) pelo patriarcado para construir identidades e papéis políticos. É essa transposição da biologia para o social e para o político – e, portanto, a equivalência entre feminino e passividade – que precisa ser desfeita, e Beauvoir bem argumenta em diversos momentos em favor disso. A questão parece ser então: por que certos corpos foram construídos como sendo corpos destinados ao lugar de Outro (no sentido em que a palavra é empregada por Beauvoir)? Quando J. Ward escreve que "em vez de entender escravidão com relação à espécie, por exemplo, como uma descrição do corpo feminino fora do contexto social e histórico, sugiro que consideremos isso como uma descrição do corpo feminino sob diversos períodos patriarcais",[94] sustentando que a alienação corporal só pode, para Beauvoir, ser vinculada ao corpo feminino porque este corpo é, nessa medida, visto sob uma perspectiva masculina (de subordinação das mulheres), a autora parece reproduzir o seguinte problema: como então explicar a própria gênese do patriarcado? Ela descuida, assim, de algo com que a própria Beauvoir tentou lidar.

No outro ensaio que destaco aqui, escrito por Kristana Arp e intitulado "Beauvoir's concept of bodily alienation", a autora segue a mesma direção de J. Ward:

> Defendo que devemos reconhecer o poder da análise de Beauvoir aqui ao mesmo tempo que *descontamos* principalmente suas observações sobre a biologia feminina, como ela de fato quase nos convida a fazer. As funções biológicas femininas, tais como gravidez, lactação, menstruação, etc., têm naturalmente um significado inegável para a experiência corporal feminina. Ocorre que este significado nunca é experimentado apenas no nível biológico.[95]

A alienação corporal é assim um fenômeno social e cultural e não um fenômeno "*puramente* biológico"[96] Ora, uma coisa não deixa de ser biológica pelo motivo de não ser puramente biológica. Arp argumenta que talvez Beauvoir, assim como diversas mulheres de seu tempo, tenha experienciado o próprio corpo como causa de

---

94   Ibid., p. 234.
95   K. Arp 1995, p. 162, grifo meu.
96   Ibid.

alienação. Essa observação, apesar de legítima em algum sentido, indica uma resposta fraca porque se evade do problema. Também para Arp, tomar as declarações de Beauvoir sobre a biologia feminina "*at face value*" corresponderia a dizer que ela estaria contradizendo as bases filosóficas de sua argumentação.[97] Ora, não é só que Beauvoir toma os fatos biológicos como dados a partir dos quais as coisas podem ser construídas depois. Esses dados fazem parte da situação de opressão vivida pelas mulheres. Sem eles, essa situação não parece poder ser diagnosticada como "segundo sexo". Assim, Arp produz o mesmo tipo de afirmação que Ward: "A existência humana, que é existência social, *incorpora mas ultrapassa* a existência biológica".[98] Ora, se se assume que a existência humana incorpora a existência biológica (tendo sido ela descrita de tal forma que, como vimos, implicava valores apesar de se dizer o contrário), isso tem que ser interpretado e situado em seu lugar próprio, ainda que se diga que se trata de algo a ser ultrapassado.

Assim, ambos os ensaios perdem de vista um aspecto central do movimento argumentativo de Beauvoir, que é o de destacar uma relação de ruptura, *enquanto relação de ruptura*, entre existência e biologia (e também entre existência e psíquico e entre existência e contexto econômico). Penso que talvez as autoras pudessem ter assumido a ambiguidade como um problema, em vez de simplesmente se esforçarem para fazer com que essa ambiguidade não estivesse lá. Em "Autonomia, opressão e identidades: a ressignificação da experiência na teoria política feminista", Flávia Biroli apresenta um comentário mais justo a esse respeito ao dizer que, para Beauvoir,

> (...) não é só da perspectiva masculina que o corpo feminino se constituiria como um obstáculo. Embora seja central à singularidade humana – o diálogo com a fenomenologia e com o existencialismo produz as afirmações de que não há consciência sem corpo, "a presença no mundo implica rigorosamente a posição de um corpo" que é objeto e sujeito, coisa no mundo e ponto de vista sobre o mundo –, a fisiologia feminina parece constituir uma realidade distinta, um peso diferenciado.[99]

E esse peso diferenciado responde, no argumento de *O segundo sexo*, pela condição de alienação corporal.

---

97   Ibid., p. 164.
98   Ibid., p. 165, grifo meu.
99   F. Biroli 2013, p. 85.

Beauvoir pondera que a biologia "não explica". Mas isso significa que, sozinha, a biologia não explica a hierarquia entre os sexos. O que não quer dizer, evidentemente, que ela não tenha, para a filósofa, nenhum papel nessa explicação. É preciso acrescentar a essa dimensão – assim como a qualquer outra (econômica, psíquica) – a dimensão explicativa existencial. Nas palavras de Beauvoir,

> *Esses dados biológicos são de extrema importância: desempenham na história da mulher um papel de primeiro plano, são um elemento essencial de sua situação.* Em todas as nossas descrições ulteriores, teremos que nos referir a eles. Pois, sendo o corpo o instrumento de nosso domínio sobre o mundo, este se apresenta de modo inteiramente diferente segundo seja apreendido de uma maneira ou de outra. Eis por que os estudamos tão demoradamente; *são chaves que permitem compreender a mulher. Mas o que recusamos é a ideia de que constituem um destino imutável para ela.* Não bastam para definir uma hierarquia dos sexos; não explicam por que a mulher é o Outro; não a condenam a conservar para sempre essa condição subordinada.[100]

Então, precisamos nos perguntar ainda como a biologia entra na explicação. A argumentação de Beauvoir é clara nesse sentido: as características biológicas do homem respondem por um privilégio de modo que isso origina as condições da dominação. A ideia aqui parte de uma inspiração hegeliana. Quando duas categorias humanas se encontram em contato, diz a filósofa, uma tenta se impor à outra; se uma das duas é privilegiada, inflige à outra uma opressão. De que privilégio o homem se valeu para dominar a mulher? Beauvoir responde a isso do seguinte modo:

> (...) é provável que, *então como hoje*, os homens tivessem o privilégio da força física. Na era das maças e das feras, na era em que as resistências da natureza atingiam um ponto máximo e as ferramentas eram as mais elementares, essa superioridade devia ter uma enorme importância.[101]

Assim, nas hordas primitivas, a mulher que engendra não conhece o orgulho da criação, vive a gravidez passivamente. Para a filósofa, não há "projeto" em engendrar e aleitar, pois tais coisas não são atividades, mas funções naturais. Além disso,

---

100 S. de Beauvoir 1949/2016, p. 60, grifos meus.
101 Ibid., p. 96, grifo meu.

os trabalhos domésticos, que tendem a ser executados por mulheres, envolvem repetição e imanência. Já o homem alimenta a coletividade com "atos que transcendem sua condição animal".[102] Ele é, diz Beauvoir, um inventor *desde o início*, pois cria, "supera o presente" e "estabelece objetivos, projeta caminhos em direção a eles, realiza-se como existente".[103] Enquanto a mulher dá sua vida à espécie, o homem a arrisca, e é o ato de arriscar-se que permite ultrapassar a condição animal; "eis por que", escreve Beauvoir, "na humanidade, a superioridade é outorgada não ao sexo que engendra, e sim ao que mata".[104] É o homem quem cria valores que "denegam qualquer valor à repetição simples".[105] Assim, a "desgraça" da mulher reside no fato de ela ser "biologicamente" votada à repetição ao mesmo tempo que não encontra "razões" nessa repetição.[106] Consequentemente, se a perspectiva existencial autoriza determinada compreensão, esta mobiliza necessariamente, ao lado dos fatores econômicos, os "dados da biologia". A filósofa anota:

> Uma perspectiva existencial permitiu-nos, pois, compreender como a situação biológica e econômica das hordas primitivas *devia acarretar a supremacia dos machos*. A fêmea, mais do que o macho, é presa da espécie; a humanidade sempre procurou evadir-se de seu destino específico; pela invenção da ferramenta, a manutenção da vida tornou-se para o homem atividade e projeto, ao passo que na maternidade a mulher continua amarrada a seu corpo, como o animal. É porque a humanidade se põe em questão em seu ser, isto é, prefere razões de viver à vida, que perante a mulher o homem se põe como senhor; o projeto do homem não é repetir-se no tempo, é reinar sobre o instante e construir o futuro. Foi a atividade do macho que, criando valores, constituiu a existência, ela própria, como valor: venceu as forças confusas da vida, escravizou a Natureza e a Mulher.[107]

Podemos, então, alcançar o nosso ponto formulando a seguinte pergunta: faz sentido para o feminismo assumir uma inferioridade na condição biológica das mulheres comparativamente à dos homens, ainda que essa inferioridade seja indicada como

---

102   Ibid., p. 98.
103   Ibid.
104   Ibid.
105   Ibid., p. 99.
106   Ibid.
107   Ibid., p. 100, grifo meu.

algo ultrapassado por nosso contexto social e por nossa existência? Beauvoir escrevia ainda: "No tempo em que se tratava de brandir pesadas maças, de enfrentar animais selvagens, a fraqueza física da mulher constituía uma *inferioridade flagrante* (...)".[108] Tomar essa condição como algo, de saída, flagrantemente inferior não seria já uma tese interna à ideologia do patriarcado em vez de elemento que nos servisse para responder à instauração dessa ideologia? Se recusarmos a ideia de que a opressão das mulheres está relacionada diretamente a "consequências da especificação sexual",[109] ainda teremos alguma resposta para tal estado de coisas? Se não a recusarmos, isso então nos condenaria a assumir, junto com Beauvoir, a tese de que a relação das mulheres com o mundo, do ponto de vista da biologia e em tempos superados pelos nossos, foi "menos rica"? Ora, mas se este for o resultado, até onde iriam os argumentos contrários à tese freudiana da inferioridade psíquica que, afinal, como vimos, está enraizada na morfologia e na anatomia, e, portanto, em dados biológicos? Acaso teria Freud tocado algo que faria parte da situação das mulheres enquanto seu erro teria residido apenas em tomar isso como base para fazer determinadas generalizações a-históricas e indevidas? Estaria o diagnóstico de Freud, em geral, correto, na mesma medida em que nossa tarefa seria afirmar, contra algumas de suas teses, nossa liberdade? Se for essa a conclusão que pudermos extrair da leitura que Beauvoir faz de Freud n'O segundo sexo, não seria ela – a contrapelo da força da denúncia dos modos de valorização do falo – ainda demasiadamente frágil?

---

108 Ibid., p. 83, grifo meu.
109 Ibid., p. 88.

> capítulo III <.>

esquema filogenético e campo transcendental: sobre as concepções de fantasia em sigmund freud e jacques lacan[1] <

> Il y a toujours un rêve qui veille
>
> *Paul Élouard*

Fantasia é o conceito com o qual Freud tenta equacionar tanto a pergunta a respeito da organização do desejo quanto o espanto diante do fato dessa organização – que tudo indicaria se pautar pela *singularidade* do percurso de um sujeito – insistentemente apresentar elementos *universais*. A constatação clínica da repetição de esquemas organizadores dos representantes-representação conduziu Freud, como se sabe, à formulação da hipótese filogenética. Embora ele a mencione em diversos lugares, vou ater-me aqui principalmente ao texto em que ele enfrenta a questão de modo mais decisivo – o caso clínico do Homem dos Lobos[2] – e ao texto em que a expõe de maneira esquemática – o rascunho póstumo dedicado às neuroses de transferência.[3]

*

Vamos, inicialmente, ao rascunho. Nele, Freud levanta a hipótese filogenética quando aborda o problema da origem da fixação, sustentando que a disposição é o

---

[1] Texto apresentado como conferência no *6th SIPP-ISPP International Meeting: Normativity and contingency – Psychoanalytical and philosophical perspectives* (Nijmegen /Ghent, 2013) e publicado como capítulo do livro MONZANI, L. e SORIA, A. (Orgs.), *Freud: Filosofia e psicanálise*. São Carlos: EDUFSCar, 2019, pp. 21-36.
[2] S. Freud 1918/2010.
[3] S. Freud 1985/1987.

fator mais decisivo na "escolha" da neurose e que ela consiste na fixação em uma fase do desenvolvimento peculiarmente intensa ou excessivamente prolongada, cujo período de estabelecimento é proporcionalmente inverso ao período de eclosão da neurose, uma vez que, quanto mais tardia sua manifestação, mais arcaica será a regressão que ela implica. Embora admita não ser possível fornecer ideias muito claras a respeito da fixação, ele alega que sua origem reside em dois fatores que podem entrar em associação recíproca: a fixação pode nascer das impressões do início da vida do indivíduo ou ser inata.[4] Tudo se passa, daí por diante, como se Freud problematizasse ampla e profundamente o sentido em que a fixação pode ser inata.

Se se trata de algo inato, o que Freud se pergunta é: como um processo psíquico pode ganhar o estatuto de inato, *in the first place?* Ou ainda: ele não se contenta em afirmar que determinado aspecto prevalece num funcionamento psíquico individual por ser oriundo da constituição do indivíduo. É como se, para ele, isso não explicasse muita coisa. Com efeito, dizer que algo é constitucional parece não fazer nada além de retroagir a demanda pela explicação em psicanálise para a necessidade de dizer *por que* é constitucional. Talvez seja possível remeter isso à antiga insatisfação de Freud com as posições de J. M. Charcot e de P. Janet a respeito da histeria. Talvez Freud buscasse aqui fortalecer o viés psicogenético ainda que fosse preciso transcender a história do indivíduo na direção da história da espécie. Penso, no entanto, como pretendo esclarecer adiante, que a verdadeira motivação da linha argumentativa que Freud segue na segunda parte do rascunho reside nos compromissos filosófico-epistemológicos por ele assumidos.

Antes de abordar esse ponto, é importante retomar os termos com os quais ele introduz a questão:

> Onde se leva em consideração o elemento constitucional de fixação não se afasta o adquirido: *ele retroage para um passado ainda mais remoto, já que se pode justamente afirmar que disposições herdadas são restos de aquisições dos antepassados*. Com isso, chega-se ao problema da disposição filogenética atrás da individual, ou ontogenética, e não há contradição quando o indivíduo adiciona às suas disposições herdadas, baseadas em vivência anterior, as disposições recentes derivadas de vivências próprias.[5]

---

4   Ibid., pp. 70-1.
5   Ibid., p. 71, grifo meu.

Trata-se, então, de encontrar no passado da espécie aquilo que, quando adquirido, teria se tornado transmissível às gerações seguintes sob a forma de disposição, que se manifesta na fixação da pulsão, e que só pode, então, ser considerada elemento constitucional quando tomada do ponto de vista ontogenético.

A partir dessa ideia, o que o rascunho propõe em sua segunda parte é, *grosso modo*, o estabelecimento de um paralelo entre duas séries:

1. A sequência cronológica das neuroses, construída de acordo com o momento da vida individual em que eclodem; tal sequência é: histeria de angústia – histeria de conversão – neurose obsessiva – demência precoce – paranoia – melancolia-mania.[6]

2. Uma sequência filogenética que organiza em sentido paralelo à primeira as fixações que constituem as disposições para cada neurose e que é dividida em duas gerações: uma primeira fase considerada por referência a um acidente geológico (o advento da era glacial) e uma segunda fase considerada por referência à figura do pai opressor da horda primitiva; tal sequência é: o desencadeamento da era glacial, que teria gerado um estado angustiado na humanidade – a escassez de gêneros alimentícios, que teria gerado o imperativo de limitar a procriação –, o surgimento da figura do pai dominador em consequência ao desenvolvimento da inteligência e da linguagem, desenvolvimento que estaria ligado à necessidade de aprimorar o domínio sobre o mundo – a execução da castração dos filhos pelo pai –, a união, mediante satisfação homossexual, dos filhos, que teriam fugido da ameaça de castração – o assassinato do pai pelos filhos e o luto subsequente.[7]

Não é sem interesse o fato de que Freud, ao convidar a leitora e o leitor a apreciarem o paralelo entre essas duas séries, lhes solicite que permitam que a crítica ceda lugar à fantasia. Bela e estranha fantasia, de cuja apresentação vale destacar, digamos assim, dois traços de estilo:

1. Sua contundente coesão não deixa de ressoar – como se a própria voz lhe retornasse em eco – a coesão sistemática que Freud destacava como traço deletério de qualquer *Weltanschauung* não científica.[8]

2. Diferentemente da costumeira cautela com que Freud apresenta suas teses, sempre destacando seu caráter provisório – cautela cuja expressão mais evidente talvez seja o parágrafo introdutório do texto metapsicológico dedicado ao conceito de pulsão –,[9] quando se trata de propor a hipótese filogenética, tal proposta é con-

---

6 Ibid., p. 73.
7 Ibid., pp. 74-80.
8 Cf. S. Freud 1933a/2010.
9 S. Freud 1915/2013, pp. 15-17.

formada por um tom categórico,[10] carregado por expressões que denotam certeza, destoando assim do conjunto da obra.

Poder-se-ia objetar que as páginas finais do rascunho ofereceriam prova em contrário, uma vez que Freud aí afirma: "se o paralelo aqui esboçado não é mais do que uma comparação lúdica na medida em que não consegue iluminar o enigma das neuroses, deve ceder o esclarecimento às futuras pesquisas e novas experiências".[11] No entanto, a hesitação que aparece aqui dirige-se a detalhes – discutidos na correspondência de Freud com Ferenczi – *e não à tese inspiradora do rascunho*. No acréscimo que Freud faz ao texto em virtude das observações de Ferenczi, ele tenta resolver, sobretudo, o seguinte problema: como homens castrados poderiam transmitir às gerações seguintes uma disposição relativa ao pai se lhes estava subtraído justamente o acesso à procriação? A solução que ele propõe baseia-se na condição do filho mais jovem, que, embora tivesse conhecimento da castração de seus irmãos, teria sido poupado do mesmo destino. Após apresentar essa resposta, Freud declara que, com ela, consegue "salvar" suas "(...) fantasias científicas da censura de que são absurdas".[12] Assim, o que para ele garantiria que essa especulação não seria absurda seriam as respostas às objeções de Ferenczi, que não só assumia um dos pressupostos da especulação – ser possível traçar um paralelo entre os tipos neuróticos regressivos e as etapas filogenéticas da humanidade –,[13] como também fora ele mesmo quem o apresentara a Freud. Ou seja, a hesitação de Freud no final do rascunho dirige-se a ajustes no conjunto especulativo e, de modo algum, ao postulado da herança psíquica da espécie. Além disso, essa leitura consolida-se no momento em que ele afirma, logo em seguida, que mesmo as desilusões com a hipótese podem ser interessantes desde que se situe "*a disposição filogenética* acima de tudo".[14]

Acredito ser possível sustentar, então, a presença dos dois traços de estilo ressaltados acima nas apresentações que Freud faz da hipótese filogenética e especialmente naquela que encontramos no rascunho de 1915, sendo assim já a superfície do texto talvez uma espécie de sintoma dos vários limites e paradoxos que ela carrega consigo, como se o desenho anunciasse, *a contrario*, pontos cegos subjacentes a sua desejada coesão e ainda o caráter desnecessariamente excessivo do revestimento da tese com a fantasia da certeza.

---

10   I. Grubrich-Simitis (1985/1987, p. 115) observou esse ponto.
11   S. Freud 1985/1987, p. 80.
12   Ibid., p. 82.
13   Ibid., p. 78.
14   Ibid., p. 82, grifo meu.

Talvez convenha ressaltar que causa espécie na hipótese filogenética não apenas a insistência na herança de caracteres adquiridos, tomando essa ideia por referência central em um contexto em que a teoria da evolução vigente a havia considerado sobrepujada em larga escala,[15] [16] como o próprio Freud, aliás, reconheceria mais tarde ao dizer:

> (...) nossa situação é dificultada pela atitude presente da ciência biológica, que não quer saber nada da herança, nos descendentes, de alguns caracteres adquiridos. De nossa parte, com toda modéstia confessamos que, no entanto, não podemos prescindir desse fator no desenvolvimento biológico.[17]

Talvez não seja também seu traço mais estranho o duplo descompasso relativamente à lei biogenética de Haeckel – cuja célebre formulação, *a ontogênese é uma curta recapitulação da filogênese*, já é, segundo Taton,[18] incorreta, porque a lei se aplica aos órgãos e não ao organismo como um todo. Duplo descompasso porque Freud transpõe ao pé da letra a formulação da lei para a psicanálise, afirmando, por exemplo, que "cada indivíduo, de algum modo, repete abreviadamente na infância todo o desenvolvimento da espécie humana (...)";[19] e desconsidera, conforme argumenta Sulloway,[20] que, para Haeckel, trata-se de sustentar que o desenvolvimento individual recapitula o desenvolvimento da espécie *em seus estágios embrionários* e não em estágios da vida individual após o nascimento, sendo este último, naturalmente, o caso defendido pelo psicanalista.

Para além disso, parece haver algo de estranho na hipótese filogenética freudiana mesmo se considerarmos um contexto de lamarckismo,[21] pois a resposta à per-

---

15   Cf. I. Grubrich-Simitis 1985/1987, pp. 110-1 e L. Monzani 1991, p. 76 .
16   No sentido de uma apresentação do modo pelo qual a herança de caracteres adquiridos vem sendo rediscutida no contexto do evolucionismo contemporâneo, é interessante ler o texto de K. Laland – "Descobertas contestam hegemonia de Darwin e recuperam Lamarck" –, publicado na *Folha de São Paulo* em 11 de março de 2018.
17   S. Freud 1939/2008, p. 96.
18   R. Taton 1995, p. 531.
19   S. Freud 1917/2014.
20   F. Sulloway 1979/1992, p. 498.
21   Também Darwin defendia a herança de caracteres adquiridos. Considerando que a influência do meio externo na alteração do organismo deve ser impressa no plasma germinal, Darwin tentou explicar a transmissão de caracteres adquiridos a partir das gêmulas (Sulloway 1979/1992, p. 94). A diferença entre Darwin e Lamarck não estava, então, relacionada à hipótese da transmissão de caracteres adquiridos, mas ao fato de que Darwin trazia à primeira cena a ideia de variação vinculada à incidência da seleção natural, ao passo que Lamarck ainda se comprometia com uma racionalidade teleológica. Meu

gunta "o que, uma vez adquirido, passa a ser transmitido de geração em geração?" parece escapar aos próprios critérios da racionalidade proposta por Lamarck contra o fixismo. Na hipótese freudiana, a hereditariedade transmitiria não uma alteração orgânica oriunda do uso, mas *a ocorrência de um evento*. Isso parece indicar que o que está em jogo não é tanto a transmissão de caracteres psíquicos quanto a transmissão de, digamos assim, caracteres relacionados *ao aspecto histórico do psiquismo*. Curiosamente, Freud parece contar essa diferença como vantajosa para a psicanálise, conforme lemos em *Moisés e o monoteísmo*: "É certo que não se trata do mesmo nos dois casos: num [no caso da herança de disposições], são caracteres adquiridos difíceis de apreender; no outro, são traços mnêmicos de impressões exteriores, algo de certo modo tangível".[22] A questão colocada pela hipótese filogenética parece, assim, ser mais ou menos a seguinte: como a história de gerações passadas subordina o funcionamento psíquico do sujeito na determinação da preferência por uma zona erógena em detrimento de outras? A subordinação do psíquico à história conforme um percurso que atravessa fundamentalmente a biologia não parece, no entanto, ser uma questão passível de ser tranquilamente inserida no contexto do lamarckismo,[23] mesmo se tomarmos em conta especificamente o psicolamarckismo, pois este não se refere à transmissão de características psíquicas, mas à tese de que o motor da evolução reside nos esforços do organismo para satisfazer necessidades psicológicas internas.[24] Aqui também, tanto quanto no lamarckismo *tout court*, o que se supõe ser herdado é uma característica orgânica alterada no indivíduo, de modo que, também no caso do psicolamarckismo, o passo na direção da possibilidade dos indivíduos herdarem, por exemplo, a lembrança da castração (no caso da demência precoce) ou a tendência à frustração sexual (no caso da histeria), seria aparentemente um passo largo demais.

Mas isso ainda não é tudo. Parece se insinuar, além do mais, um problema lógico na argumentação de Freud. Seu verdadeiro paradoxo parece residir no seguinte: se o princípio assumido por ele é o de que algo que ocorre no ambiente se inscreve no indivíduo e passa a ser transmitido, por que então as circunstâncias geológicas e

---

objetivo, no entanto, não está relacionado ao discernimento de uma presença maior de Lamarck ou de Darwin na obra de Freud e, portanto, não entrarei nessa discussão. Para a defesa de um psicolamarckismo em Freud, cf. F. Sulloway (1979/1992), que, aliás, identifica a existência, nele, de uma reflexão de estilo lamarckista tão cedo quanto em 1893, referindo-se ao *Racunho B*. (p. 93); para a defesa da prioridade da influência de Darwin, cf. L. Ritvo 1990/1992.

22   Freud 1939/2008, p. 96.
23   Segundo R. Taton (1995, p. 543), o lamarckismo abraça dois postulados em sua explicação da alteração *dos órgãos*: a faculdade de autoadaptação do organismo e a hereditariedade dos caracteres adquiridos.
24   Cf. F. Sulloway 1979/1992, p. 274.

sociais, diversificadas ao longo dos séculos, não teriam feito com que os traços herdados fossem, em certa medida, outros? Por que, sob a força da história de milênios, as fantasias herdadas não passaram a ser diferentes? Freud recorre ao lamarckismo[25] para tentar fornecer uma resposta ao caráter universal das fantasias, mas os próprios princípios do lamarckismo pareceriam exigir que as fantasias se alterassem conforme as circunstâncias vividas por cada geração, o que não é compatível com aquilo que o psicanalista encontra na clínica, o que não é compatível com aquilo que ele precisa justificar, portanto.

*

Acredito, porém, que o mais interessante na discussão da hipótese filogenética não é exatamente investigar em que medida ela apresentaria ou não condições para permanecer erguida no contexto intelectual da primeira metade do século xx, mas, uma vez minimamente equacionados seus limites e paradoxos, perguntar algo que parece ser mais esclarecedor e que se refere ao movimento da reflexão freudiana; ou seja, a pergunta pertinente, seguindo sugestões de Sulloway, de Laplanche e Pontalis e de Monzani,[26] é: que problema Freud estava tentando resolver aqui? Dito de outro modo: por que se tornou necessária, para Freud – e ainda por cima de uma maneira amiúde categórica e, por isso mesmo, estranha ao estilo de sua reflexão, sempre alerta e suspeita em relação a si mesma –, a referência à transmissão hereditária de caracteres *psíquico-históricos* adquiridos? Essa pergunta talvez pudesse ainda ser formulada de uma terceira maneira: por que a busca pelo vínculo entre realidade psíquica e realidade material acabou exigindo o recurso a uma narrativa mítica?[27]

Passemos agora ao texto sobre o Homem dos Lobos, que nos ajudará, senão a responder totalmente a essa pergunta, ao menos a compreendê-la melhor.

---

25 Eis uma declaração muito significativa de Freud nesse sentido, feita em uma carta a G. Groddeck de 1917, citada por Sulloway (1979/1992, p. 275): "A teoria da evolução de Lamarck coincide com o resultado final do pensamento psicanalítico".
26 Para L. Monzani (1991, pp. 100-103), a filogênese tem por função principal articular a questão do vínculo entre pulsão e objeto, na medida em que o segundo não pode, para Freud, ser determinado pela primeira. Para F. Sulloway, a filogênese é o que permite Freud responder, além da questão do recalque e da escolha da neurose, o problema do vínculo entre neurose e sexualidade (1979/1992, p. 94 e pp. 390-392). Para J. Laplanche (1987/1992) – e para Laplanche e J.-B. Pontalis (1964/1988) –, tratava-se, em um sentido um pouco mais próximo ao que quero defender aqui, de tentar articular o caráter universal de determinados enigmas vinculados à origem do sujeito e da sexualidade. A questão da universalidade também é ressaltada por I. Grubrich-Simitis (1985/1987, p. 111), para quem renunciar à filogênese "(...) provavelmente seria como tornar a psicanálise ingênua, ou pelo menos questionável na sua pretensão de afirmar com energia o valor universal de fundamentos antropológico-transculturais".
27 Parece ser mais ou menos nesses termos que B. Prado Jr. (1988) coloca a questão.

*

Se tivéssemos que destacar uma frase do relato do caso clínico do Homem dos Lobos para dizer que ela o estrutura por inteiro, essa frase seria a seguinte: "(...) a criança, tal como o adulto, só pode produzir fantasias com material adquirido em algum lugar (...)",[28] pois ela revela a centralidade que Freud reserva à questão da contingência, centralidade que o situa no encalço da ocorrência da observação da cena do coito entre os pais.

Do ponto de vista clínico, o que dispara a busca pela cena, segundo Freud, é o fato de o paciente relatar que uma persistente sensação de realidade foi produzida pelo sonho com os lobos. Nesse percurso, o conteúdo disfarçado do sonho – na medida em que interpretado e remetido, no registro dos pensamentos latentes, à observação da cena do coito – revelaria um entrelaçamento tão persuasivo entre inteligibilidade dos sintomas e produção de efeitos pelo tratamento que deixaria, a seu ver, fora de cogitação a possibilidade de não ter ocorrido tal observação. Diz Freud a esse respeito:

> Se supomos como premissa inquestionável, que uma tal cena primária foi obtida de maneira tecnicamente correta, que é indispensável para a solução abrangente de todos os enigmas que nos propõem os sintomas da doença infantil, que dela emanam todos os efeitos, assim como a ela conduziram todos os fios da análise, então é impossível, considerando o seu conteúdo, que ela seja outra coisa que não a reprodução de uma realidade vivida pela criança.[29]

Apesar da relevância assim destacada por Freud, é, como se sabe, com um *non liquet* que ele finaliza sua discussão sobre o valor de realidade da cena primária do Homem dos Lobos,[30] sendo esse o impasse que o conduz, nesse momento, à hipótese filogenética, de modo que a questão de saber se a cena primária era fantasia ou vivência real deixa de ter importância diante da suposição de que a lacuna produzida pela ausência de elementos da cena na experiência individual é preenchida pela herança ao longo das gerações:

---

28   S. Freud 1918/2010, p. 76.
29   Ibid., p. 76.
30   Ibid., p. 82.

As cenas de observação do ato sexual entre os pais, de sedução na infância e de ameaça de castração são *indubitavelmente* patrimônio herdado, herança filogenética, mas podem também ser aquisição da vivência individual. (...) O que vemos na história primitiva da neurose é que a criança recorre a essa vivência filogenética quando sua própria vivência não basta. Ela preenche as lacunas da verdade individual com verdade pré-histórica, põe a experiência dos ancestrais no lugar da própria experiência.[31]

Além da questão da observação do coito, Freud fornece, no caso do Homem dos Lobos, outro exemplo desse procedimento que centraliza pela primeira vez[32] a importante, embora vaga, noção de *esquema* dentro da noção de fantasia: trata-se da ameaça de castração, que a criança havia sofrido por parte de mulheres, mas que o "esquema filogenético" (assim como a inteligibilidade dos sintomas) exigia, assim pensa Freud, que partisse do pai. "Nesse ponto", diz o psicanalista, "o menino tem um esquema filogenético a cumprir, e chega a realizá-lo, ainda que suas vivências pessoais não harmonizem com ele".[33] Para Freud, isso traz a necessidade de afirmar uma sobreposição da hereditariedade às vivências acidentais. À luz dessa sobreposição, se o medo do menino se endereçava ao pai apesar de ele receber ameaça apenas de figuras femininas, isso se explicava porque "(...) na pré-história da humanidade foi certamente o pai que praticou a castração como punição (...)".[34]

No final do relato, Freud lista os problemas levantados pelo caso do Homem dos Lobos e diz que o primeiro desses problemas

> (...) diz respeito aos *esquemas* filogenéticos, que, à maneira de "categorias" filosóficas, tratam da colocação das impressões recebidas na vida. Inclino-me a sustentar a concepção de que constituem precipitados da história da cultura humana. (...) quando as vivências não se encaixam no *esquema* hereditário, sucede uma remodelação delas na fantasia (...). Precisamente esses casos são adequados para nos demonstrar a existência autônoma do *esquema*. Com frequência pode-se notar que o *esquema* triunfa sobre a vivência individual (...). As

---

31 Ibid., pp. 129-30.
32 Cf. L. Monzani, 1991, pp. 102-3.
33 S. Freud 1918/2010, p. 116.
34 Ibid., p. 117, grifo meu.

>discrepâncias entre a vivência e o *esquema* parecem abastecer de material abundante os conflitos infantis.[35]

De acordo com Monzani no texto *A fantasia freudiana*, a ênfase no esquema, que transparece no trecho que acabo de citar, corresponderia a uma inflexão no movimento argumentativo freudiano que produziria uma postura filosófica caracterizada por ele como uma posição intermediária entre Hume e Kant: "O esquema, tal como as categorias kantianas, só se atualiza através da experiência, mas, ao contrário destas últimas, já possui um conteúdo virtual, uma espécie de matriz, de guia, que embora necessite da experiência, a informa e a preenche".[36]

A recorrência do termo "esquema" nesse momento parece de fato refletir a percepção da necessidade do cruzamento, na questão da fantasia, do universal com o particular. Mas, embora tudo se passe aqui como se Freud flertasse com alguma possibilidade de argumentação transcendental, seu passo seguinte[37] é enraizar novamente os esquemas filogenéticos na contingência ao insistir, como vimos há pouco, na defesa de que eles só podem ter se sedimentado a partir da ocorrência de eventos inscritos na história da humanidade.

Sustento que isso acontece porque o compromisso de Freud com uma racionalidade empirista,[38] que força a suposição do evento, o impede de adotar, de uma maneira que fosse significativamente decisiva, uma argumentação transcendental que pudesse situar o caráter universal e inelutável das fantasias no fato de elas serem, a despeito de qualquer datação histórica, condição de possibilidade da experiência, do desejo e da própria constituição do sujeito. A fantasia, para Freud, *só se tornou esquema* (para o indivíduo) porque foi evento anteriormente (para seus antepassados), o que não parece deixar dúvidas quanto ao fato de que, para ele, trata-se de enraizar o psíquico, em última instância, na contingência.

Sendo essas as diretrizes, não formular a hipótese filogenética significaria, para Freud, ter que lidar, em alguma medida, ou com o irracionalismo ou com a metafísica, pois que outra solução poderia ser apresentada, no contexto de uma teoria empirista e psicologista, para o fato de existirem fantasias universais, senão supor que elas seriam transmitidas hereditariamente? As alternativas para Freud parecem, então, ser as seguintes: 1- ou as fantasias são, ainda que sob o modo do "esquema",

---

35 Ibid., pp. 157-8, grifos meus.
36 L. Monzani, 1991, p. 102.
37 Considerando-se a data da redação do caso (1914) e não a de sua publicação (1918).
38 Ponto no qual discordo de Monzani.

uma herança transmitida de geração em geração; 2- ou elas exigem a referência ao universal em um sentido metafísico; 3- ou atestam que uma parte muito significativa da vida psíquica é simplesmente ininteligível. Talvez Freud considerasse a segunda e a terceira alternativas indiscerníveis entre si. De todo modo, uma quarta alternativa falta porque falta também uma perspectiva estrutural ou transcendental.

*

Embora Lacan, por sua vez, raramente refira-se à hipótese filogenética de Freud, ele faz, em 1960 e em 1966, respectivamente, duas declarações a esse respeito que são importantes para o que quero sugerir aqui.

A primeira tem lugar em uma conferência sobre ética proferida na Bélgica e registra o seguinte: "(...) como uma alternativa à hereditariedade dos caracteres adquiridos que, em algumas passagens, Freud parece admitir, temos a tradição de uma condição que funda, de certa maneira, o sujeito no discurso".[39]

A segunda é do Seminário 14, que, dedicado à defesa da natureza estrutural da fantasia, traz um breve, porém significativo, comentário sobre o Homem dos Lobos. Lacan aí assinala o sintoma como índice de verificação da cena primordial, o que significa, em sua leitura, que o sintoma corresponde à articulação da cena em significantes. Afirma, então, que "(...) a questão da verificação [da ocorrência da observação da cena primordial] (...) passa por essa linha direta do jogo do significante, na medida em que é somente nele que permanece suspensa a questão da verdade".[40]

Tanto num caso como no outro, o que Lacan destaca é o caráter estrutural da relação do sujeito com a linguagem, relação que o funda e constitui. Embora isso seja colocado de modo muito rápido nas passagens citadas, acredito que sua leitura à luz de algumas das principais diretrizes da reflexão lacaniana torna possível sustentar um argumento formulável do seguinte modo:

1. a tentativa de encontrar a observação da cena primária – o que Lacan chama de "verificação" – deveria ser a tentativa de encontrar a articulação da verdade do desejo nos significantes (é o que diz o segundo trecho);

2. essa articulação possui, para Lacan elementos universais que são os lugares estruturais do grafo do desejo;

---

[39]   J. Lacan 1960.
[40]   J. Lacan 1966-1967, sessão de 7 de dezembro de 1966.

3. o grafo do desejo situa na estrutura universal da relação do sujeito com a linguagem aquilo que Freud localizava na experiência de nossos antepassados, de modo que aquilo que Freud compreende como transmissão hereditária de caracteres adquiridos é, para Lacan, o que funda o sujeito no discurso (é o que diz o primeiro trecho que citei há pouco);

4. o grafo do desejo consiste numa argumentação transcendental.

Sendo o ponto 4 o mais polêmico, trata-se aqui, sobretudo, de justificá-lo.[41] Antes disso, porém, tomemos, ainda que brevemente, o caso específico da fantasia universal de castração – e, portanto, do Édipo – para nos referirmos ao ponto 3.

Abordar a castração é, para Lacan, antes de tudo abordar "(...) o confronto do significante e do desejo (...)".[42] O que está em jogo na castração é, para ele, uma sobreposição entre articulação simbólica e Édipo, na qual "Nome-do-Pai *sobre* Desejo da mãe"[43] consiste na substituição de relações imaginárias diretas pela intermediação do simbólico, ou seja, por uma metáfora mítica e primária, responsável pela ligação entre significante e significado.[44] Assim, castração é o nome, do ponto de vista do desejo e da constituição subjetiva, do corte que a linguagem introduz entre o sujeito e as coisas sensíveis, corte que abole estruturalmente qualquer possibilidade de imanência: "(...) os significantes, diz Lacan, só manifestam a presença da diferença como tal e nada além disso. Logo, a primeira coisa que ele implica é que a relação do signo à coisa seja apagada".[45] No campo da experiência humana, não há então, para Lacan, coisas sem nomes; não há objeto não associado a significante e, portanto, não há objeto que não seja negado para ser incluído em cadeia sob a forma de sua ausência. Lacan observa, assim, "(...) o que tem de castrado tudo o que, do ser vivo, tenta se aproximar do ser vivo tal como ele é evocado pela linguagem".[46]

Se a castração é entendida como corte da linguagem sobre o ser, separando o acesso ao real sob o modo da perda, a recusa da castração é o esforço para evitar essa perda, um apego ao que Lacan chama de "gozo":[47] "A castração significa que é preciso que o gozo seja recusado para que possa ser aguardado na escala invertida da Lei

---

41   Aqui, essa justificação será breve. Ela está desenvolvida em L. Silveira, 2022.
42   J. Lacan, p. 309.
43   Ver a metáfora paterna em J. Lacan, 1959/1966, p. 557.
44   Crítica a essa ideia são apresentadas nos capítulos 7 e 8.
45   J. Lacan, 1961-1962, *Leçon du 6 décembre 1961*.
46   J. Lacan 1958-1959, p. 131, *Leçon 7, 7 janvier 1959*.
47   É preciso observar que, na verdade, gozo tem múltiplos sentidos no pensamento de Lacan. Cf. N. Braunstein 2003/2022.

do desejo".⁴⁸ Não aceitar perder o acesso ao gozo corresponde a recusar a separação relativamente ao jogo do desejo da mãe e, portanto, assim pensa Lacan, a permanecer no nível imaginário da identificação fálica. Na ausência do Nome-do-Pai, não haveria como ser gerada a metáfora paterna que conduziria o falo imaginário para o campo do recalcado, elevando-o a falo simbólico, condição para o surgimento da significação fálica. É assim que a função do pai é a função de um significante que instaura, para a criança, a presença transcendente da linguagem: "O pai é, no Outro, o significante que representa a existência do lugar da cadeia significante como lei".⁴⁹

Assim, para Lacan, se a fantasia de castração é universal é porque é uma resposta – de defesa – do sujeito em relação ao fato de que a incidência da linguagem impossibilita qualquer relação de imanência com a realidade; é porque uma lei simbólica deve presidir à relação entre a criança e mãe, impossibilitando o gozo e instaurando o desejo. Isso corresponde, para Lacan, às condições de toda experiência possível. O psicanalista, com efeito, afirma que o Édipo é o "esquema mínimo da experiência".⁵⁰

Podemos assim vislumbrar o lugar que ele reserva para o elemento universal da fantasia na expectativa de que tal reserva não resulte na produção de uma nova ideia de natureza humana nem numa dívida camuflada para com pressupostos psicologistas.

*

Vamos agora ao ponto 4, ou seja, à ideia de que essa leitura da fantasia que se articula no grafo possui uma natureza transcendental. Isso poderia ser defendido de diversas maneiras: seja por referência à noção de desejo, à de sujeito ou à de Outro. Nesse momento, vou me deter principalmente na última, porque ela se articula de maneira mais direta com o que acabo de dizer.

É na relação estrutural do sujeito com a linguagem que Lacan situa a inteligibilidade possível da fantasia. É, então, em favor da compreensão dessa relação que ele constrói o grafo do desejo,⁵¹ e tal motivação é assim caracterizada no seminário dedicado, exatamente, à lógica da fantasia: "(...) construí o grafo [do desejo] que é feito para organizar precisamente aquilo que, na função da fala, é definido por esse

---

48   J. Lacan 1960a/1966, p. 827.
49   J. Lacan 1998, p. 196; ou: "(...) definimos o significante paterno como o significante que, no lugar do Outro, põe e autoriza o jogo dos significantes (...)" (p. 317).
50   J. Lacan 1981, p. 304.
51   J. Lacan 1960a/1966.

campo, esse campo que necessita a estrutura da linguagem".[52] Ora, a linguagem é o lugar dos significantes; o lugar dos significantes é também o que Lacan chama de "Outro",[53] e eis aqui uma das formas pelas quais ele o caracteriza: "(...) o sujeito tem que surgir do dado dos significantes que o recobrem num Outro que é o lugar transcendental destes (...)".[54] Lemos aí, sem qualquer ambiguidade, que o vetor constitutivo da existência do sujeito é, ao menos para o próprio Lacan, um lugar transcendental constituído por significantes. Isso quer dizer, entre outras coisas, que a relação entre o sujeito e o Outro que Lacan desenha no grafo do desejo é tão pressuposto da experiência quanto dela excluída enquanto tal. A começar pelo fato de que o Outro não é o semelhante, mas a projeção de uma alteridade absoluta.

Dadas as premissas assumidas por Lacan – o significante prevalece sobre o significado, o signo não tem relação de correspondência com o real, uma significação remete apenas a outra significação –, o Outro se torna uma remissão imprescindível: um significante, por só se definir pelo laço de diferença relativamente aos outros, supõe, em cada ponto singular, o conjunto – incompleto – dos significantes.[55] O significante de uma falta no Outro[56] – $S(\cancel{A})$ – padece de uma ambiguidade: sendo significante, deveria pertencer ao mesmo nível dos demais; mas, sendo o significante que representa o limite da possibilidade da significação, deve ser, ele mesmo, a circunferência que demarca o campo transcendental constituído por todos os outros significantes. Ele encarna o paradoxo da necessidade de simbolizar a existência da simbolização. Um significante, para ser significante do Outro, teria, evidentemente, que estar *fora* do Outro – só poderia representá-lo a partir de um lugar terceiro. Como só há significante no Outro, um significante do Outro é impossível, de modo que é impossível também uma metalinguagem. O Outro é o lugar no qual o sujeito, submetido a seu próprio regime de evanescência, procura respostas para sua falta e a garantia do dispositivo construído para a ilusão de evitá-la. Mas, como não há estrutura da estrutura, o Outro também possui uma falta, uma incapacidade de fundamentação em função da qual não pode prover uma resposta segura e estável. O Nome-do-Pai é o significante da inscrição simbólica do Outro e o falo, sua contrapartida:[57] é o significante de que, apesar de haver inscrição significante, nada em seu nível é capaz de responder por um objeto adequado ao desejo, ou de que nada em

---

52   J. Lacan 1966-1967, sessão de 23 de novembro de 1966.
53   O Outro "(...) é o lugar do tesouro do significante" (Lacan, 1960a/1966, p. 806).
54   J. Lacan 1958a/1966, pp. 655-666.
55   Retomo, neste parágrafo, alguns trechos de L. Silveira, 2022.
56   Para o que segue, cf. J. Lacan, 1960a/1966.
57   A crítica à ideia de que o falo seja o significante do desejo é elabora adiante, nos capítulos 7 e 8.

seu nível é capaz de responder por aquilo que o sujeito é.[58] Assim, o fato discursivo de não haver, no nível do significante, algo que garantisse a verdade que ele mesmo instaura modula-se, em termos de sexuação, na inexistência de uma designação para o ser do sujeito ou para aquilo que ele deseja.

Esse sujeito cuja consistência reside apenas em desaparecer diante do Outro não resulta de tal relação como mero resultado empírico da determinação: também ele é um lugar intrínseco à estrutura. O sujeito participa do esquema *a priori* que circunscreve a possibilidade do sentido, sendo o elemento heterogêneo que abona a consistência da cadeia significante: nela, seu lugar é o corte; este é, diz Lacan, o "(...) elemento mais radical [da cadeia] na sua sequência descontínua e, como tal, o lugar a partir do qual o sujeito assegura sua subsistência de cadeia".[59] Na psicanálise lacaniana, o sujeito não é, assim, um dado imediato ou simples presença empírica, mas uma posição de enunciação *exigida pelo fato da fala na interseção com a linguagem*. Como posição de enunciação, seu lugar é evanescente. Mas ele só pode ser assim considerado sob a estrutura do grafo do desejo no qual ele comparece como posição na fantasia, o que exige o confronto entre:

o transcendental da estrutura como campo formal de ordenamento da experiência no sentido de apontar, na relação entre enunciação e linguagem, as balizas mínimas de sua inteligibilidade diante da hipótese do inconsciente;

e

a *contingência* empírica que faz que com traços, cores e tons específicos forneçam matéria a um esquema *a priori*.

É assim que podemos entender que, entre estrutura e contingência, Lacan situa o sujeito na lógica da enunciação como evento evanescente, conquanto submetido a uma organização do desejo. Se com Freud ele pode defender que, em certa medida, *todo desejo começa com a experiência* – exatamente com aquela que dirige a necessidade ao Outro sob a forma de demanda –,[60] por outro lado, ele precisa igualmente defender, contra Freud, que *não é tudo no desejo que surge a partir da experiência* – nem mesmo de uma experiência que se inscrevesse na história da espécie –, exatamente na medida em que a linguagem impõe uma estrutura à enunciação que parte do corpo. O que há de universal na fantasia não é, assim, oriundo da contingência, mas também não é algo de cunho metafísico porque se restringe às condições da

---

58   Lacan explica no *seminário 6* que a expressão "não há Outro do Outro" significa que "não há, no Outro, nenhum significante que possa, em sendo o caso, responder pelo que sou" (1958-1959, p. 309).
59   J. Lacan 1958a/1966, p. 666, grifo meu.
60   Cf. J. Lacan 1998.

relação entre sujeito e linguagem, ou ainda à articulação do cruzamento entre a fala que parte de um corpo e a estrutura da linguagem que a condiciona.

Ao contrário do que defende B. Baas, por exemplo, penso que em Freud, diferentemente do que acontece com Lacan, não encontramos a referência, mesmo que indireta, a um campo transcendental como lócus da estruturação da experiência (nem no sentido da fantasia, nem no sentido mais geral do fundamento da distinção, crucial para Freud, entre natureza e cultura).[61] E é assim, sobretudo, devido ao compromisso de Freud com premissas empiristas que fazem sua metapsicologia convergir para uma metafísica psicologista – e, por conseguinte, para uma reflexão que talvez possa ser caracterizada, em larga medida, de pré-crítica. O que encontramos na obra de Freud é um apego a uma concepção empirista da teoria do conhecimento que produziu seus próprios impasses. Dentre eles, talvez o mais significativo seja aquele que se esboça, conforme uma dupla manifestação de psicologismo, no fato de que a assunção de um empirismo no nível da construção da teoria acaba produzindo como resultado uma concepção idealista da relação entre sujeito e mundo. Se o desejo interfere na construção do conhecimento na medida em que é a única coisa capaz de pôr em marcha o aparelho psíquico,[62] a teoria freudiana não parece ter como evitar a questão epistemológica que se produz como sua sombra e que poderia, de modo aproximado, ser formulada assim: como o desejo incide sobre a própria construção *dessa teoria*? Ou ainda: onde residiriam os critérios de objetividade da teoria – já que, para Freud, ao menos em sua letra, a psicanálise não pode ser outra coisa senão uma ciência –[63] de acordo com o saber que ela mesma propõe? Quando Freud por vezes qualifica suas próprias teses de "fantasia"[64] ou "mito", penso que o que está em jogo aí não é uma lucidez a respeito dos paradoxos epistemológicos

---

61   Cf. B. Baas 2001. Não é difícil perceber que a defesa de Baas de que Freud padeceu de uma "tentação" do transcendental parte de um equívoco que é um completo curto-circuito, inadmissível na filosofia kantiana, entre subjetividade psicológica e subjetividade transcendental, curto-circuito que se revela já no início do artigo, quando o autor informa que é na originalidade da noção freudiana de "realidade psíquica" que ele vai buscar tal relação. Nesse sentido, Baas afirma: "examinar o que, no psiquismo, constitui a condição de possibilidade da experiência é, filosoficamente falando, colocar uma questão transcendental no sentido mais rigorosamente kantiano dessa palavra" (p. 10, grifo meu). Ora, buscar as condições da experiência em elementos psíquicos é algo alheio ao projeto kantiano, que aponta tais condições na lógica transcendental e na estrutura do juízo, justamente afastando-as da psicologia. Caso Kant tivesse compreendido as condições da experiência como condições psicológicas, simplesmente não teria sido possível a construção da filosofia crítica.

62   Cf. S. Freud 1900/2001, p. 567.

63   Cf., por exemplo, S. Freud 1933b/2010.

64   É o caso da hipótese filogenética, como vimos acima.

embutidos no psicologismo,[65] mas antes a convicção, conciliável com a adoção de pressupostos empiristas,[66] de que a construção de ficções teóricas pode ser precisamente desejável, desde que se prestem de maneira considerada relevante a esclarecer determinados aspectos daquilo que é *observado na experiência*.

Entre a questão da experiência e a questão do universal, o que quero sugerir aqui, então, é a existência de um paralelo de natureza epistemológica que pode ser desenhado do seguinte modo: aquilo que Freud tentou resolver recorrendo ao esquema filogenético – o cruzamento entre organizações universais e contingência na questão da fantasia –, Lacan tentou resolver recorrendo à estrutura em seu aspecto transcendental. A meu ver, é isso o que assegura o lugar de Lacan na história das ideias, lugar que não é, embora ele mesmo tenha por vezes alegado o contrário, o mero lugar de um comentador de Freud; refiro-me ao movimento mediante o qual ele tentou, a partir de Freud, construir, via campo transcendental da estrutura e sob a inspiração maior da crítica politzeriana, uma abordagem psicanalítica da subjetividade que não fosse tributária do pressuposto da interioridade psicológica.

---

[65] Sendo esse um assunto para um outro trabalho, gostaria de indicar apenas que penso aqui sobretudo em diagnósticos como aqueles fornecidos por G. Frege e que constituem a raiz da crítica ao psicologismo na filosofia. Aquilo que o psicologista (no caso, em lógica) enuncia são condições que tornam impossíveis qualquer enunciação com vistas à verdade, inclusive a sua própria, o que se configura como um procedimento autodestrutivo. Lemos, por exemplo, em *Logic*: "Se alguém tentasse contradizer a afirmação de que o que é verdade é verdade independentemente de o reconhecermos como tal, estaria contradizendo, por sua própria afirmação, aquilo que estaria afirmando; estaria em uma posição semelhante à do cretense que dizia que todos os cretenses são mentirosos. (...) Se essa argumentação fosse correta, ser-lhe-ia impossível reivindicar que qualquer de suas próprias opiniões fosse mais justificada aos olhos dos outros do que a opinião oposta. Uma argumentação que reivindicasse isso seria infundada; mas isso significa que toda e qualquer argumentação seria infundada no sentido usual da palavra, e assim também aquelas opiniões às quais nos opuséssemos. Não haveria ciência, nem erro, nem retificação de erro; não haveria, propriamente falando, nada verdadeiro no sentido usual da palavra" [Frege 1897/1997, pp. 232-233]. Seria interessante analisar, a propósito disso, o sentido da referência que Freud faz, exatamente no contexto de uma discussão epistemológica, ao paradoxo do cretense na conferência sobre *Weltanschauung* (Freud, 1933b/2010, p. 346).

[66] Cf. B. Prado Jr. (1998, p. 47), que, a esse respeito, faz referência ao convencionalismo de Ernst Mach e de Hans Vaihinger, embora caiba mencionar que: 1- quanto à filosofia do "como se" de Vaihinger, Freud a rejeitara explicitamente em *O futuro de uma ilusão* (1927/2014, pp. 264-5); 2- para Prado Jr., não é, em caráter excepcional, o convencionalismo o que está em jogo no rascunho póstumo de Freud sobre as neuroses de transferência.

> capítulo IV

sexualidade feminina e herança filogenética: sobre a tese da inferioridade da mulher na leitura de juliet mitchell[1] <

> Buscar a unidade é já
> havê-la descoberto.
>
> *P. Aubenque*[2]

O verbete "Feminismo psicanalítico" escrito por Teresa Brennan (1998) para o companion à filosofia feminista da editora Blackwell afirma que o livro de Juliet Mitchell, *Psicanálise e feminismo*, de 1974, foi o primeiro livro sobre esse assunto, sobre essa interseção que é um lugar de tantos desencontros. Trata-se, assim, de um livro inaugural e talvez seja interessante enfrentar certos problemas centrais que são mapeados em uma de suas partes, quando Mitchell percorre, por sua vez com pretensão crítica, algumas críticas endereçadas a Freud por autoras feministas. Esses problemas são ainda, assim me parece, fundamentais para nós, seja naquilo que Mitchell explicita seja naquilo que ela não chegou a enxergar. Minha aposta é a de que, ao lidar com o texto de Mitchell, eu possa tocar algumas questões que entendo serem nossas.

Por esse motivo, decidi voltar a esse livro. Especificamente, decidi voltar um pouco a algo que parece caracterizar um dos pontos das resistências recíprocas entre psicanálise e feminismo. Refiro-me a esse enunciado reiterado de que o feminismo

---

1   Texto apresentado na mesa-redonda *Misoginia na psicanálise: feminismo e psicanálise* (Instituto Gerar, 2017) e no *II Encontro Vozes: Mulheres na filosofia* (Unicamp, 2018) e publicado no livro GUSSO, H. et al. (Orgs.) (orgs.), *Misoginia e psicanálise*. São Paulo: Larvatus Prodeo, 2022, pp. 123-137.

2   Recuperei esta frase lapidar de *O problema do ser em Aristóteles* na resenha que Bento Prado Jr. escreveu para o livro de Oswaldo Porchat, *Ciência e dialética em Aristóteles*. A resenha teve por título "Os deuses na cozinha" e foi publicada no jornal *Folha de São Paulo* em 30 de dezembro de 2001.

operaria com uma expectativa de controle racional do pensamento e da experiência enquanto a psicanálise traria à cena uma opacidade característica do próprio conceito de inconsciente. O modo pelo qual essa tensão se expressa nesse livro de Mitchell converge para o que ela chama de historicismo na leitura que as seguintes autoras fizeram de Freud: Simone de Beauvoir, Betty Friedan, Eva Figes, Germaine Geer, Shulamith Firestone e Kate Millet. Nesse sentido, ela escreve: "A verdadeira questão nessa controvérsia não é o que Freud diz a respeito da mulher e da feminilidade, mas os próprios objetos da psicanálise, a sexualidade e o inconsciente, que são mal aceitos".[3] Para Mitchell, haveria nessa leituras uma oposição entre a realidade social e o inconsciente. Para que ela não seja uma falsa oposição,[4] as estruturas mais básicas do inconsciente devem ser remetidas, seja em sua origem, seja em sua configuração dada, a algo que transcenda a realidade social. Em nome dessa oposição que Mitchell tenta fazer operar, ela afirma que aquelas autoras teriam todas cometido o mesmo erro de isolar as teses sobre a sexualidade feminina do contexto teórico mais amplo da psicanálise freudiana. Dito de outro modo, tais autoras comentam as teses sobre a sexualidade feminina tomando como ponto de partida elementos da realidade social que não dizem respeito a uma verdade que seria própria da psicanálise. Mitchell afirma, então, nessa direção, que "se se estudam os escritos de Freud sobre a feminilidade fora dos contextos dos conceitos maiores da psicanálise, eles estarão condenados a soar como absurdos e/ou reacionários".[5] Ora, isso exigiria obviamente que fosse mostrado o modo pelo qual esses conceitos não seriam reacionários quando considerados *no contexto próprio da psicanálise*. Acontece que Mitchell não realiza essa tarefa, pelo menos não o faz no livro *Psicanálise e feminismo*. Pelo contrário, o final do livro sinaliza para uma caracterização das teses de Freud como marcadas pela cultura patriarcal. No que concerne ao capítulo dedicado às autoras feministas, no entanto, ela afirma apenas que aquilo que Freud "revelou a respeito das fantasias inconscientes não foi 'agradável'".[6] O problema é que, a despeito do que escreve a autora, isso é desagradável de uma forma tendenciosa e, se se atribui *quand même* ao homem o dilema de possuir ou não possuir o falo, certo é que, na história do Ocidente, essa versão do dilema fálico sempre ganhou o jogo.[7] A meu ver, a psicanálise, apesar de todas as ambiguidades que encontramos aí, e apesar de ser

---

3 J. Mitchell 1974/1979, p. 370.
4 Ibid., p. 374.
5 Ibid., p. 369.
6 Ibid., p. 367.
7 Como diz Simone de Beauvoir, no contexto de seus próprios impasses, comentados no capítulo 2 deste livro.

preciso reconhecer toda uma força que possui na direção do feminismo, ainda não se desvencilhou da tarefa de pensar em que medida reproduz esse jogo e seu ganhador.

No capítulo sobre Eva Figes, que tem por subtítulo *As atitudes patriarcais de Freud*, Mitchell critica exatamente o fato de a autora se aproximar de Freud a partir de uma perspectiva que seria a de um "historicismo rigoroso". Para Mitchell, o historicismo – assim como a perspectiva sociológica a ele relacionada – escamotearia a originalidade daquilo que Freud está tentando pensar. Como ponto contrário a esse historicismo, ela afirma que haveria uma verdade psicanalítica que não poderia ser subordinada ao contexto de construção da teoria, uma verdade que prevaleceria sobre esse contexto, ultrapassando-o. No entanto, logo na página seguinte a esta em que Mitchell critica o fato de Figes imprimir um viés historicista em sua leitura de Freud, ela escreve que as obras de Freud dedicadas à teoria da cultura – *Futuro de uma ilusão, Mal-estar na cultura, Moisés e o monoteísmo* –, obras de que Figes se valeu para situar Freud como um homem de seu tempo, "foram escritas depois da confirmação do câncer incurável e fazem parte de um período em que Freud se permitia maior liberdade no plano intelectual".[8] Com isso, Mitchell remete – de maneira lateral, porém decisiva – ao menos parte da reflexão freudiana a algo que é da ordem da contingência. Tudo se passa, então, como se ela argumentasse que há um momento em que a teorização pode ser remetida à contingência e um outro em que isso não pode ser feito. O resultado desse movimento seria uma simples e evidente contradição no texto de Mitchell, caso ela não tivesse reservado para esta possível objeção a sua réplica. Mitchell emprega um argumento para sustentar que os outros aspectos da teoria psicanalítica (aqueles que, a seu ver, antecederiam a teoria da cultura) não podem ser submetidos a uma inteligibilidade que tivesse alguma relação com o momento histórico em que foram pensados, enquanto a teoria da cultura deveria ser relacionada tanto ao adoecimento de Freud quanto ao fato de que ele teria feito concessões a si mesmo. Esse argumento é a afirmação de que a teoria da cultura é extrapsicanalítica. Na letra do livro, isso pode soar como uma observação marginal. No entanto, a mim me parece que a argumentação de J. Mitchell é construída exatamente em torno dessa ideia e vou tentar mostrar por que seria possível pensar isso.

A hipótese que quero propor para esse encaminhamento se desdobra em dois aspectos que são os seguintes: 1- a teoria freudiana da cultura só pode ser considerada extrapsicanalítica se se suprime a tese da herança filogenética; 2- a tese do repúdio

---

8   J. Mitchell1974/1979, p. 346.

do feminino, que está incrustada na teoria freudiana da cultura, pode ser entendida de três maneiras: como construção histórica, como um dado inscrito na espécie humana no próprio processo de hominização, como uma marca da estrutura bipartida da sexuação. Mitchell não parece adotar de maneira decidida nenhuma delas.

Uma forma de entrar no desdobramento dessa hipótese dupla é dizer o seguinte. Para Mitchell, algumas daquelas autoras feministas – especificamente, K. Millet, S. Firestone, E. Figes – teriam abolido a própria noção de realidade psíquica e formulado um "voto religioso"[9] no princípio de realidade. Ao contrário, diz Mitchell, Freud teria construído uma ciência cujos objetos são o princípio de prazer e a realidade psíquica. O fato de Freud ter almejado construir uma ciência não quer dizer, obviamente, que todas as suas teses sejam corretas. Se este fosse o caso, ele não poderia, justamente, alegar ter feito ciência. É claro que há aqui um paradoxo que marca a psicanálise em seu cerne e do qual temos uma intensa apresentação no texto *A ciência e a verdade*, de J. Lacan (1966). Não sendo o caso de elaborar essa discussão aqui,[10] observo, porém, que ela dificilmente está ausente das entrelinhas de Mitchell: a ciência não é o nome do lugar que destinamos, por excelência, ao princípio de realidade? Não ganhamos muito nessa questão sobre a cientificidade da psicanálise ao conclamar o espírito de Freud contra sua letra? Quando Mitchell mantém essas duas coisas de um modo que parece ser para ela tão amarrado – ciência e princípio de prazer –, ela não está, aliás, correndo o mesmo risco que atribui às autoras feministas que elege para seu comentário? Ou seja: tendo em vista que qualquer representação só alcança o aparelho psíquico a partir de fora,[11] exigir das formas de expressão do princípio de prazer um caráter a-histórico, não seria isso uma exigência contrária ao seu sentido? J. Mitchell parece perceber de algum modo esse paradoxo. E então insiste no fato de que a autonomia epistemológica da psicanálise se instaura do lado do prazer, e não da realidade. Ao fazer isso, ela parece imprimir ao princípio de prazer um ideal de universalidade assumido de saída e, aparentemente, de maneira gratuita. Com relação a isso, convém observar que uma universalidade corresponde a algo que, para dizer o mínimo, carrega incidências numerosas e profundas para que seja defendida sem que se leve tal pretensão às últimas consequências, e que Freud, apesar de tudo, escreveu em *A feminilidade:* "Não reivindicamos mais que uma validade mediana para estas afirmações e nem sempre é fácil distinguir o que

---

9   Ibid., p. 373.
10 Remeto a J. Cunha e L. Silveira 2017.
11 S. Freud 1925/2014.

atribuir à influência da função sexual ou à disciplina social".¹² Mitchell não estaria adotando aqui um dogmatismo mais acirrado do que o do próprio Freud? Isto é: se a psicanálise for uma ciência, então será mesmo necessário referir-se a uma realidade a-histórica implicada no prazer do qual se faz princípio? Mitchell parece apostar que sim, sem conseguir afinal dizer que realidade é essa. Que não se procure aqui a saída "fácil" de dizer que essa realidade é, na verdade, o real de que falou Lacan porque isso não parece responder muita coisa. A meu ver, temos aqui três alternativas: ou se monta a gênese das fantasias implicadas no prazer que se trata de compreender, ou elas são tomadas como meros fatos a serem constatados ou, ainda, terceira alternativa, as fantasias são consideradas elementos estruturantes da experiência humana.

Podemos nos perguntar, então: como, para Freud, *um fato* da experiência humana poderia, na perspectiva do indivíduo, não ser um fato histórico? Essa resposta é, com efeito, fornecida por Freud, para quem um fato qualquer, desde que compareça no conflito psíquico, só pode não ter sido um acontecimento da vida individual na medida em que for algo herdado.¹³ As fantasias organizadas em torno da castração, e que irão subjazer ao diagnóstico do repúdio do feminino, são por ele submetidas a esse modo de inteligibilidade. Convém lembrar aqui do caso do Homem dos Lobos, do fato de que Freud o escreve para falar de uma herança psíquica que prescinde das teses de Jung, mas que não prescinde de um lamarckismo todo enviesado. Lá, ele escreve: "O que vemos na história primitiva da neurose é que a criança recorre [à] vivência filogenética quando sua própria vivência não basta. Ela preenche as lacunas da verdade individual com verdade pré-histórica, põe a experiência dos ancestrais no lugar da própria experiência".¹⁴ A subordinação aos ideais coletivos constitutivos da cultura seria, para Freud, um destino dessa aquisição da história da espécie pelos indivíduos e é nesse sentido da experiência dos ancestrais que ele situa a castração como disposição para a erotização da submissão e para a supervalorização do objeto sexual.¹⁵ É curioso que a história filogenética seja uma história, sobretudo, daquilo que teria acontecido com os indivíduos do sexo masculino enquanto a castração como algo "consumado" será algo tão decisivo, para Freud, da psicologia das mulheres.¹⁶

---

12   S. Freud 1933b/2010, p. 289.
13   Esse ponto foi amplamente desenvolvido no capítulo 3, acima.
14   S. Freud 1918/2010, pp. 129-30.
15   Remeto a F. Corrêa 2015, especialmente ao capítulo 5, "Horda primitiva: castração, hipocondria, posição passivo-masoquista".
16   Cf. o capítulo 2, acima.

Mas por que Freud faz isso? Por que remete as lacunas da história individual à história da espécie? Uma das formas de responder a isso é aquela fornecida por Monzani em *A fantasia freudiana* (1991), quando ele afirma que aquilo que Freud quer destacar com a história filogenética é a possibilidade de pensar aspectos do percurso a partir do qual se restabelece o vínculo entre pulsão e objeto. Para Freud, na espécie humana o instinto sofreu uma separação relativamente a seus objetos, com o que, muito precisamente, deixou de ser instinto. Sustento que essa é mesmo uma maneira de compreender o sentido da psicanálise: ela é uma teoria a respeito dos caminhos que precisam então se interpor entre o desejo e seus objetos exatamente porque esse vínculo foi perdido pela espécie humana. Penso, além disso, que o fato de Freud não ter compreendido a filosofia crítica e o que poderia ser um argumento transcendental o deixou diante de duas alternativas: a contingência ou a metafísica. Sabemos o quanto Freud rejeita a segunda, o que não significa, é claro, que não haja metafísica em algum sentido em sua obra.[17] Mas é certo que o nível expresso de seu pensamento, o pensamento que aparentemente Freud explicitou para si mesmo, não recorre a justificativas metafísicas nem transcendentais. O que lhe deixou com o caminho do empirismo. É por isso que, em minha leitura, Freud argumenta que, se há fantasias que se repetem obstinadamente, elas só podem remeter à história e à contingência, mesmo que esse caminho resulte na tese de que herdamos aquilo que sucedeu com nossos ancestrais, ou seja, na tese de que herdamos eventos como traços de memória. Como essa herança é constitutiva da cultura, não há como, pois, sustentar – nem que seja por essa razão – que a teoria da cultura seja algo externo à psicanálise.

Talvez eu possa dizer que tudo se passa como se a fantasia fosse tomada por Mitchell como algo metafísico *malgré elle*, caminho que Freud, ele mesmo, não considera admissível. Por rejeitar isso, ao mesmo tempo que não possui o recurso do transcendental, é que ele constrói essa coisa esquisita que é a hipótese filogenética.[18] Mitchell parece conduzir a fantasia, a despeito de não pretender fazer isso, a um lugar metafísico porque, se a realidade psíquica não pode, para ela, ser reduzida à realidade social, também não pode ser subordinada à biologia ou a qualquer coisa da ordem da natureza, não havendo tampouco para ela uma terceira possibilidade.[19] Cabe observar aqui que Mitchell tem Lacan no horizonte sem, no entanto, perceber

---

17 Argumento desenvolvido na primeira parte do capítulo 3, acima.
18 Como informado no capítulo 3, o texto em que Freud apresenta essa hipótese de maneira mais sistemática é o rascunho póstumo *Neuroses de transferência: Uma síntese* (1985/1987). Ela está presente, no entanto, ao longo de toda sua obra.
19 Ao menos não no livro que comento aqui.

a presença da dimensão transcendental sem a qual Lacan não teria, de algum modo, superado os impasses do psicologismo que, para ele, estão implicados na metapsicologia freudiana.[20] Freud, ao contrário de Mitchell, recusou-se a absolutizar a fantasia e buscou para ela uma gênese, ainda que tal gênese tivesse que ser remetida à história da espécie. Para mim, esse recurso à história da espécie, que seria transmitida mediante traços de memória,[21] significa exatamente que a tentativa freudiana de construir essa gênese não tem como se sustentar de acordo com os termos que ela mesma assume.[22] Em primeiro lugar, ela convoca a autoridade da lei biogenética de E. Haeckel (a ontogênese consiste numa recapitulação da filogênese), mas produz um duplo descompasso relativamente a ela: por um lado Freud transpõe de modo demasiadamente literal a formulação da lei para a psicanálise, afirmando que cada indivíduo repete, com sua infância, o desenvolvimento da espécie humana;[23] por outro lado, Freud desconsidera[24] que, para Haeckel, trata-se de referir a repetição a estágios embrionários, enquanto a teoria freudiana precisa situá-la em estágios da vida individual que são posteriores ao nascimento. Em segundo lugar, em se tratando de um contexto de pensamento evolucionista, embora Freud reivindique a filiação de sua hipótese filogenética ao lamarckismo, tal expectativa não se sustenta, uma vez que, no caso da hipótese freudiana, a hereditariedade transmitiria não uma alteração orgânica oriunda do uso, mas a própria ocorrência de um evento. Em terceiro lugar, podemos identificar um problema lógico na argumentação que Freud tece em torno da filogênese, pois, se aquilo que é aí assumido é a ideia de que um evento se inscreve no psíquico individual passando a ser transmitido hereditariamente, por que motivos, afinal, a sucessão histórica dos acontecimentos não teria modificado o conteúdo daquilo que é herdado?

Outro caminho possível para abordar o mesmo problema – o problema de como algo pode ser constitutivo da experiência humana sem ser um acontecimento histórico – seria o caminho que lida com o conceito de estrutura, aquele que Lacan

---

20 Vale a pena observar que, na década de 1940, Lacan considerava o conceito de inconsciente "inerte e impensável" (1946/1966, p. 182), que, em 1957, afirmava que confundir psíquico com inconsciente corresponde a um abuso de termos (1957/1966, p. 518) e que subjaz a essas declarações a influência da crítica que Georges Politzer (1928/1998) direcionou a Freud, acusando como desnecessária e deletéria a referência teórica à existência de representações. Lacan sustentará que o reconhecimento do papel do significante na subjetividade e do inconsciente como discurso do Outro são elementos imprescindíveis para circunscrever o sentido da própria obra de Freud. Esses pontos são amplamente desenvolvidos em L. Silveira 2022.
21 S. Freud 1939/2008.
22 Remeto, mais uma vez, ao capítulo 3.
23 S. Freud 1917/2014.
24 Isso é apontado por F. Sulloway (1979/1992).

tentou elaborar.[25] Mas essa elaboração tropeça, no que diz respeito à diferença sexual, em petições de princípio, porque a pretensão estrutural das fórmulas da sexuação nos coloca diante do seguinte impasse: 1- ou o falo se constrói como significante do desejo a partir do pênis e então a sexuação remete, apesar de tudo, a uma condição biológica; 2- ou o falo não possui relação alguma com o pênis, mas, nesse caso, não há, afinal, motivos para que seja falo. O outro lado desse impasse é essa circularidade entre o feminino e o que seria um gozo não todo e que podemos formular assim: "a mulher é não toda porque aquilo que é não todo é o que chamamos de mulher".[26]

Talvez se levante aqui a objeção de que eu estaria exigindo da psicanálise uma coerência demasiada e que a diferença sexual corresponde exatamente a alguma coisa que não pode ser submetida a esse tipo de expectativa. Isso é, sem dúvida, argumentado por Mitchell. Mas será que a questão pode mesmo se colocar desse modo ansiado por ela: ou se cede ou não se cede a uma "intuição" não discursiva concernente à sexualidade? Qual é o preço que de fato pagamos – especialmente nós, mulheres – por aceitar isso como regra do jogo? Por que, ademais, essa opacidade da experiência ao conceito precisaria ser entendida como algo atrelado ao desejo feminino? Todo pensamento, é claro, tem aquele ponto do qual não se pode recuar. B. Pascal apresentou uma bela imagem para isso, imagem cuja presença em meu trabalho com filosofia da psicanálise devo a Bento Prado Jr.: "Essa falta de provas não é uma falha, mas uma perfeição". Ao escrever isso, Pascal está se referindo ao caráter indemonstrável dos princípios da geometria. A psicanálise não é algo que pudesse se formular a partir de um parentesco (não obstante possível) com a geometria. Ela não é, tampouco, filosofia. Se bem que a filosofia tenha dessas de ser mais ainda o que ela precisa ser quando flerta com o que lhe é alheio. De todo modo, o que se exige da psicanálise, seja do ponto de vista lógico, seja do ponto de vista transcendental, precisa, a meu ver, sempre falar, por assim dizer, em um tom um pouco mais baixo do que o da experiência, que é a dos sonhos, dos desejos e do sofrimento que se manifesta como sintoma. De outro lado, por menos que a psicanálise seja filosofia, teses que não são assumidas como pontos de partida, como pressupostos, como pontos de não recuo, e que, ainda assim, não consigam justificar a si mesmas não parecem produzir outra coisa senão misticismo. Penso que posso perguntar então: qual seria a serventia do misticismo, seja para a intervenção clínica seja para pensar a política? Não seria gratuito lembrar, a esse respeito, que Freud fez a psicanálise nascer com

---

25 Ponto desenvolvido na segunda parte do capítulo 3.
26 Argumentos elaborados no capítulo 7.

o abandono da hipnose pelo motivo de que ela não promovia, camuflando-a, a inteligibilidade então requerida.

É curioso que o livro de Mitchell termine com um encaminhamento bem diferente, pois a autora passa a apontar a necessidade de superação do patriarcado. Tudo se passa como se o final de seu livro fosse incompatível com a análise que faz das autoras feministas. Com efeito, não é muito fácil enxergar um caminho de conciliação a partir do qual ela possa convocar à superação do patriarcado[27] e, simultaneamente, afirmar que toda cultura é patriarcal.[28] Ela dedica várias páginas para defender, com Freud, que é só por tal caminho que se constitui uma mulher e só por tal outro que se constitui um homem para, no final, conclamar a que possamos vislumbrar caminhos distintos, que consigam imprimir alterações em nossa herança cultural. Ora, a literatura feminista, inclusive aquela que critica Freud, não dá passos justamente no sentido dessa transformação? No mesmo ano em que publica *Psicanálise e feminismo*, Mitchell também traz à luz um ensaio chamado *Sobre Freud e a distinção entre os sexos*, no qual ela apresenta uma ideia mais interessante para a leitura das teses de Freud sobre a sexualidade feminina. Ela escreve ali que só podemos entender o significado da obra de Freud

> (...) se compreendermos primeiro que eram exatamente as formações psicológicas produzidas dentro das sociedades patriarcais que ele estava revelando e analisando. A oposição à história assimétrica sobre os sexos, proposta por Freud (...) pode muito bem ser mais agradável no igualitarismo que ela assume e revela, mas não faz sentido algum para uma defesa mais profunda de que sob o patriarcado as mulheres são oprimidas – uma argumentação que só as análises de Freud podem nos ajudar a compreender.[29] [30]

---

27   J. Mitchel 1974/1979, pp. 430 e 432.
28   J. Mitchell 1974/1979, pp. 410, 411 e 416.
29   J. Mitchell 1974/1988, p. 7.
30   Ao longo do processo de revisar os textos que compõem este livro, deparei-me com uma brilhante fala de Tania Rivera, na qual, a meu ver, ela avança um passo importante com relação a isso, ao mobilizar o modo pelo qual a psicanálise articula pensamento e pulsão para sublinhar o fato de que as teorias sexuais infantis, cuja escuta conduz Freud à teoria do falo e da castração, são construídas sobretudo por meninos, ou pelos "homeninos", como Rivera propõe aí. A exposição de Rivera, com o título *Decolonizando a Psicanálise: O falo e suas bordas*, foi feita para o Psicalcs (Núcleo de Psicanálise e Laço Social no Contemporâneo da UFMG) e está disponível neste link: https://www.youtube.com/watch?v=vX3ta-6qw94&t=29s.

É muito diferente dizer que a teoria freudiana sobre a sexualidade feminina consiste numa contribuição importante para se fazer um diagnóstico da opressão da mulher ou simplesmente dizer, como Mitchell o faz em seu livro, que as teses freudianas sobre a feminilidade são "a princípio, corretas",[31] conquanto padeçam da restrição de não terem assumido o compromisso político do feminismo. Tudo se passa, então, como se o ensaio percebesse uma certa contradição no movimento do livro e permitisse situá-la de modo a eliminá-la. Seja como for, o final do livro de Mitchell coloca-se contra aquela absolutização da fantasia que aparecia em suas páginas anteriores e sinaliza para essa argumentação que será sustentada no ensaio mencionado: não se trata de pretender que Freud tenha indicado processos necessários na sexualidade feminina, mas que ele tenha indicado tais processos assim como eles têm lugar em culturas patriarcais.

O que quis argumentar aqui foi, então, que, antes de se autorizar a acenar para um campo externo ao patriarcado, Mitchell acaba escondendo a fragilidade da tese freudiana sobre a inferioridade da mulher por detrás de afirmações trivialmente corretas a respeito da psicanálise, como a afirmação de que a realidade psíquica não corresponde à realidade material ou de que o inconsciente possui uma lógica própria, distinta não apenas da lógica consciente, mas em alguma medida, da lógica dos fenômenos sociais. Disse ainda que ela faz isso sem denunciar a dívida que essa tese da inferioridade feminina tem para com a hipótese filogenética. Se esse encaminhamento fizer sentido, ele nos permite, então, situar a seguinte pergunta: se o repúdio do feminino como algo fundante da cultura não se torna inteligível, afinal, nem com certa naturalização que ganha com a hipótese filogenética freudiana, nem com a estruturalização de dois modos de gozar na teoria lacaniana (já que isso produz uma circularidade),[32] não seria importante insistir na sua contingência e encontrar o caminho para fazer dessa insistência algo interno à psicanálise?

---

31 J. Mitchell 1974/1979, p. 375.
32 Cf. o capítulo 7.

> capítulo v

cerzindo romances familiares – phantom thread e um certo lugar do gozo[1] <

Como a tentativa de matar alguém pode ser um gesto de sustentação da fantasia de quem se tenta matar? Esse é o adoravelmente detestável enigma posto em cena pelo diretor e roteirista Paul Thomas Anderson no filme *Phantom thread*, de 2017. Uma obra arrebatadora cujo incômodo é *costurado* pelo tom da sutileza. Na *trama*, o jogo mortífero do gozo é apresentado sob o manto do *esprit de finesse*, trabalhado em oposição ao *esprit de géometrie*, inarredável da arte da costura. Um manto, um cobertor *que se quer* curto, deixando à mostra a libra de carne que, na ordem do humano, sói flertar com a morte. Às vezes mais, às vezes menos. O equilíbrio, quiçá possível, está sempre *por um fio*. A parte à mostra é nomeada: o desejo de ser *never cursed*.

O roteiro – do próprio diretor – *entrelaça* a relação erótica mórbida entre o protagonista, Reynolds Woodcock (Daniel Day-Lewis), e Alma (Vicky Krieps), sua musa, em uma série de deslizamentos que, a certa altura, desejará estancar. A que preço? Nomes nunca são arbitrários – velha "contralição" de Saussure – e os significantes, de forma inevitável, levam a adivinhar o contexto de onde se parte.

Também eu deslizo por uma *linha* ao correr os riscos destas. Polissemias que se perdem entre traduções, mas das quais podemos *gulosamente* nos servir. Ganhar, em vez de perder. Perder para ganhar. Marca (necessária?) do lugar de enunciação.

Reynolds se faz estilista de roupas e sua primeira criação é o vestido de noiva da própria mãe, que o traja na cerimônia de seu segundo casamento. Quando a mãe falece, ele não encontra melhor implicação de si mesmo do que costurar tufos do cabelo dela no forro do paletó que usará, adiante, em seu primeiro encontro com Alma. Convém lembrar que os cabelos são o que permanece, por longo tempo, no

---

[1] Texto apresentado como parte da palestra "*Phantom thread* e o guardião narcotizado: Notas sobre o impossível desfecho do masoquismo" (Instituto do Campo Lacaniano de Fortaleza, 2021) e publicado em 2021 no *site* do GEPEF (Grupo de Estudos, Pesquisas e Escritas Feministas): gepefonline.com.br.

processo de putrefação de um cadáver humano. Exumando-o, eles estão lá. Esconder tésseras nos forros será uma das marcas do *estilo* de Reynolds. Mas os cabelos darão lugar a palavras bordadas.

O protagonista embrenha-se e é embrenhado em uma fantasia de hipererotização do desamparo de um filho diante de sua mãe, aquela a quem se supõe fornecer o *colo* e o *alimento*. Desamparo, fome, regurgitação descrevem os ciclos de sua repetição pulsional, franqueada pela tarefa inspirada de produzir vestidos e vestidos. Vestido: indumentária feminina, dizem os nossos dicionaristas.

Recusar o alimento pode ser uma forma de exigir que a mãe se faça novamente presente, malgrado morta.

Seduz pensar aqui na brincadeira do *carretel de linha* que Freud celebrizou em *Além do princípio de prazer*, talvez seu mais importante texto sobre o gozo. Vestir uma mulher pode ser um destino do desejo de amarrá-la, de envolvê-la em linhas que a prendam, mas que, ao serem desenoveladas, *encenariam* sua partida sob a condição do retorno. O estilista abre mão do vestido-produto ao inseri-lo no circuito das trocas. Os vestidos de Woodcock restituem tanto a presença quanto a ausência da mãe. *Again and again*.

Em sua epopeia afetiva, Woodcock parece buscar uma mulher que capture sua necessidade de vestir o objeto de amor pela tensão entre doar e morrer. No filme, a morte em questão deixa de ser a da mãe e passa a ser a dele. Em um de seus momentos de padecimento, ele vê a mãe vestida de noiva. E ela não lhe diz nada.

O estilista apaixona-se por mulheres que pode vestir, mas que o frustram no desejo de ser apresentado à morte pela mulher amada. Uma morte a ser comida. Até que chega Alma.

Alma entra no furo, *como uma agulha*. Nele, insere sua própria *linha de Parca* ao perceber (ponti)agudamente a ambiguidade do alimento/veneno que seria a única entrada possível na fantasia daquele homem que, do alto de seu pedestal-berço, não faz concessões em suas exigências e demandas. *Ela* entra na fantasia *dele*.

A fantasia dele: eu te humilho até que você alcance seu limite, até que você perceba que o único ato possível de reação à humilhação no jogo para o qual te convoquei é me matar. Ela aceita o convite. Ele responde: é isso mesmo que eu quero, empurrar essa lida com a morte até o limite.

Ele age como um canalha até suscitar na parceira essa anuência abismal.

Até o momento em que percebe esse jogo, a espectadora talvez tenha a impressão de se tratar de um filme sobre um homem de caráter misógino. E apenas isso. A relação entre Woodcock e Alma é do tipo que hoje podemos, *enfim*, dizer abusiva. Ele está confortável, fincado em um lugar de poder e prestígio. Ela, nessas circunstâncias, é ninguém. Alma é sobretudo a mulher humilhada. Não pode passar manteiga no pão do jeito que lhe apraz, não pode ter suas preferências levadas em consideração quanto se trata dos vestidos que usará. Move-se demais, faz barulho demais, distrai Reynolds ao interromper seu silêncio *com o ato de comer*.

Até que Alma entende que a humilhação é parte do erotismo desse homem amado e passa a querer o jogo. Paulatinamente, entende que, para preservar o desejo dele por ela, tem que ocupar o lugar de *fazer-lhe mal* em resposta às constantes humilhações; o lugar de deixá-lo doente e de eventualmente matá-lo. Ela desvela seu gozo e, de forma surpreendente, ele não recua, como recuaria um neurótico.

Alma poderia, é claro, sair da relação. Escolhe (?) ficar.

Woodcock, a despeito de suas insígnias, vive um desespero. Sabe mui lucidamente de tudo e expressa seu saber ao dizer que se sente amaldiçoado. A maldição: apaixonar-se por mulheres e não conseguir bancar cada paixão, tampouco conduzi-las ao amor. Ele se desinteressa pelas mulheres por quem se apaixona e seu desinteresse é marcado, de maneira renitente, pela suspensão do apetite. O estado de desamparo em que fica para tentar preservar a paixão por uma mulher, para dizê-lo outra vez, é o lugar, *em sua fantasia fantasma*, do filho ávido por um colo nutriz assassino.

O ponto de virada do percurso de Alma é o momento em que encontra duas palavras escondidas em outro vestido de noiva, que (não) é (mais) a mãe. Um vestido *obra* de Woodcock. As duas palavras são aquelas já mencionadas: *never cursed*. Como se Reynolds estivesse inserindo na vestimenta da noiva o que poderia desejar-lhe de melhor, embora saiba, intimamente, ser este um desejo fadado ao fracasso: de que ela não precise carregar uma maldição. *Penetra* palavras na gala da nubente.

Alma diz do seu tempo: é após uma certa trajetória que pode afirmar "finalmente o entendi". Um trabalho *que ela fez*. Encontrar as duas palavras no vestido fez parte do trabalho *que ela fez*. Para ela, isso significa encontrar um modo de sustentar o desejo dele. E sustentar o desejo dele era o desejo dela.

É muito sagaz que a história seja construída em torno de um estilista. E, embora isso seja óbvio, quero crer que uma ou duas obviedades não bastam para arruinar um texto. Woodcock veste o corpo feminino não só com os vestidos de extrema beleza e requinte, que são criações suas, mas o veste também com sua rica e deprimente fantasia.

O filme, vale dizer, é muito bem *costurado* com metáforas, simbologias. *Phantom thread*, esse fio que é invisível, esse fio que é um fantasma, esse fio que é o fio da fantasia.

Já os fios dos líquidos que Alma serve a Reynolds – distanciando até não mais poder, de um modo ao mesmo tempo irritante e atraente, a jarra da xícara, por exemplo

– ligam a costura à comida. Isso é bem destacado nas imagens desde o primeiro encontro entre os dois amantes. Anuncia-se que a costura de Alma será outra. Ela antecipa a escrita do bilhete, com cuja entrega aceita o convite de Reynolds para jantar: "*For the hungry boy, my name is Alma*". É significativo que *boy* venha no lugar de *man*.

Faz-se fio da linha, mas também do alimento e, portanto, do que nutre/mata. A linha da vida e da morte materializa em imagens-movimento o arquétipo das Parcas.

Em cena posterior, outra das muitas que sucedem à mesa, Alma já está elegantemente vestida por Woodcock, que a galanteia: "Você está linda. Está me deixando faminto". Fome onde se esperaria tesão. A fome voraz que acompanha seu reengajamento no amor.

O jogo torna-se mais complexo até o final do filme, alcançando um *extremo* que só poderia ser sustentado se a complexidade fosse ainda maior, o que seria, é claro, impossível. O desejo que corre nas fantasias é de *molde* a ser satisfeito? Ou a fantasia é encenação utópica de satisfação *para que* o desejo possa ser reposto, insatisfeito? Não é a morte o único além do gozo?

Um outro momento de virada tem lugar quando Reynolds briga com a irmã, Cyril (Lesley Manville), essa terceira. Uma das funções de Cyril é encerrar os relacionamentos amorosos do irmão, o que faz oferecendo, à moça preterida, um vestido – é claro – em troca da ruptura. Ele, portanto, desincumbe-se de tal função. Que coisa *fastidiosa* seria investir seu precioso tempo e energia em mandar embora de sua casa uma mulher por quem não se interessa mais...

Voltando à briga entre os dois irmãos, Reynolds pergunta, de forma histriônica, a Cyril onde foi parar Henrietta (Gina McKee), mulher que sabia vestir seus vestidos. Henrietta, que fique entendido, não importava, podia ser qualquer uma. Quando Alma entra nesta cena, fica claro que Reynolds esbravejava exatamente para *seus* ouvidos, para que *ela* pudesse responder à denúncia de que não pertencia àquele lugar com o gesto destrutivo; o gesto de um novo envenenamento que confirma seu direito de habitar a casa de Woodcock.

Alma serve então a Woodcock uma omelete recheada de cogumelos, alguns apenas saborosos, outros *saborosos e letais*. Ele examina a iguaria, conhece muito bem o risco pelo qual anseia. Alma o quer indefeso, dependente. O que ela diz aqui é: *somente eu* posso cuidar de você e, para que eu possa cuidar de você, você deve adoecer. Até que tenha sua força restabelecida. Ou morrer. O desejo é uma roleta russa. Com isso, ela faz entrar *sua exigência*, que é, então, uma exigência de exclusividade.

Alma responsabiliza-se por seu próprio gozo? (Ou por seu desejo? Ponto indecidível para mim.) Mas, se o gozo dessa mulher é atravessado, de forma acachapante, pela condição social do patriarcado, qual a medida do espaço que ainda resta para que essa responsabilização possa ser assumida, vislumbrada ou sequer cogitada? O gozo não é sem atravessamento do laço social.

Reynolds vomita e sorri. E depois sente fome, sinal de que sai da convalescença. Com a erogeneização do trato digestivo, ele repõe em marcha o circuito de desejo e angústia.

Mas quando um perverso – ou quase (e digo "quase" porque dificilmente um perverso se identificaria com o lugar do amaldiçoado) – encontra sua fantasia reconhecida, como poderá preservá-la? O inferno do perverso é o reconhecimento. Pois não é condição de fruição da cena a recusa de sua vítima? Woodcock quer desprezar Alma para que ela possa responder ao desprezo com o gesto destrutivo. À medida que ele souber que ela aceita o desprezo, por entender ser parte de um jogo que resulta no enodamento do desejo dos dois, como isso ainda poderia funcionar? Como poderia continuar a ter efeito de envolvimento erótico dos parceiros? A explicitação da fantasia vai tão longe que acaba por se tornar possível perguntar se essa explicitação *limítrofe*, exaustiva mesmo, não é já a própria dissolução das condições de possibilidade de sua operatividade.

De fato, o filme não poderia continuar, e isso em um sentido forte, porque lógico. O sentido de um *arremate* ou de uma *bainha* e, ao mesmo tempo, de suspensão. Por isso, o roteiro encerra-se com um *corte* exato, depois do qual a continuidade de ditos escassos na dança do "eu sei que você sabe que eu sei que você sabe" passaria a se tornar inviável.

Um filme, uma escrita, *um ponto*.

> capítulo VI

assim é a mulher por trás de seu véu? – questionamento sobre o lugar do significante falo na fala de mulheres leitoras dos escritos[1] <

Naturalmente, o lugar de fala em que me situo para falar sobre os *Escritos*, além de ser o lugar de alguém que lê Jacques Lacan na filosofia, é o lugar de uma mulher. A partir desse lugar, assim marcado duplamente, o que pretendo fazer aqui é trazer mais perguntas do que propostas em um sentido que pudesse ser positivo. Cabe também advertir que os questionamentos que pretendo trabalhar neste capítulo não são novos. Não passam, na verdade, de mais uma tentativa de situar, talvez de outra forma, certos elementos já bastante conhecidos de muitas leitoras e leitores de Lacan. Pretendo que essa tentativa se restrinja a um percurso interno à psicanálise lacaniana.

É possível destacar dois grandes eixos de estruturação da reflexão que encontramos nos *Escritos*. É claro que isso precisa ser pensado de forma geral, uma vez que a coletânea inclui textos muito distantes entre si tanto em termos de tempo quanto de projeto intelectual. A despeito disso, é seguro dizer que os *Escritos* testemunham um esforço de, por um lado, subtrair a psicanálise dos impasses filosóficos do psicologismo e, por outro lado, embora na mesma medida, oferecer um certo desenvolvimento à reflexão psicanalítica a respeito da diferença sexual.

No caso do que estou destacando como primeiro eixo, que se refere à crítica do psicologismo, os *Escritos* apresentam um movimento claro de adoção, a partir do estruturalismo, de uma perspectiva transcendental que permite a Lacan aceitar

---

1   Texto apresentado em *Escritos Hoje - Lugar de fala* (*Lacuna – Uma revista de psicanálise* e *Instituto Gerar*, 2016) e publicado em *Lacuna – Uma revista de psicanálise, v. 3, pp. 8-8, 2017*. Agradeço ao *Instituto Gerar de Psicanálise* pela acolhida e à equipe da *Lacuna*, especialmente a Pedro Ambra, pelo convite. Por causa de uma certa conversa que este texto apenas tentou continuar, eu o dedico a três mulheres: Fabíola Izaias, Lia Silveira e Alessandra Martins, a quem devo a indicação de alguns textos que vou mencionar aqui.

o conceito de inconsciente e dar início àquilo que chamou de "retorno a Freud".[2] Isso significa que Lacan, de um ponto de vista epistemológico, afastou-se decididamente de um empirismo, que encontramos em Freud por toda a parte, e também que estava muito ciente de que tal afastamento – revelado necessário pela leitura de Georges Politzer – deveria ser, idealmente, acompanhado de um estado de alerta quanto à adoção irrefletida de pontos de partida metafísicos. É esse o movimento que torna Claude Lévi-Strauss tão interessante aos olhos de Lacan, a ponto de o antropólogo ser mesmo reiteradamente localizado – desde 1953 (*Discurso de Roma*) até 1966 (*A ciência e a verdade*) – como uma espécie de guia de seu programa. Que o inconsciente seja o discurso do Outro, eis aí uma diretriz que tornava de vez desnecessário o recurso à obscura entidade "representação psíquica".

A ideia de que existe um lugar a partir do qual se fala parece-me ser dependente, na reflexão lacaniana, dessa visada transcendental. Pois esse lugar é, para Lacan, estruturado e constrói-se a partir de elementos formais *a priori* que, por serem vazios, não seriam menos reais. Não é essa a tese central de *Subversão do sujeito e dialética do desejo no inconsciente freudiano*? Lemos nesse texto que o desejo, além de estar submetido ao aspecto contingente da história do sujeito, também o está a elementos estruturais[3] que permitiriam discernir o vínculo desse sujeito com uma articulação significante, elementos apontados por Lacan no grafo do desejo. Eles elementos são, como sabemos: a imagem especular i(a), o Outro, a demanda, a castração, o desejo, o significante da falta no Outro, o gozo, a fantasia, o ponto de basta, o eu, o ideal do eu I(A). São, para Lacan, estruturantes do lugar do sujeito como algo dividido entre enunciado e enunciação e situado diante de um objeto não especularizável, resultante da separação originária e do engodo de fazer de conta que ela não existiu, objeto que Lacan nomeia "objeto *a*".[4] É por referência ao grafo – e, portanto, à estrutura – que Lacan escreve na abertura dos *Escritos* que o lugar que, para o Conde de Buffon, era marcado pelo homem – vale dizer: o lugar do estilo – é, na verdade, não o lugar do homem, que não é mais "uma referência tão segura",[5] mas o lugar da queda do objeto *a*. Essa queda revela, diz Lacan, que o objeto *a* é causa do desejo e "suporte do sujeito diante da divisão entre verdade e saber".[6]

O que significa dizer que o objeto *a* é suporte dessa divisão? Trata-se de uma divisão que aponta para o lugar da enunciação como distinto do lugar do enunciado.

---

2   Argumento que desenvolvi em L. Silveira 2022.
3   J. Lacan 1960b/1998, p. 826.
4   Para uma gênese do conceito de objeto *a* no pensamento de Lacan cf. L. F. B. Garcia 2015.
5   J. Lacan 1966b/1998, p. 9.
6   Ibid., p. 11.

Um enunciado, o lugar em que se registra o saber, é produzido por uma posição de enunciação que remete à verdade do desejo; mas esta posição de enunciação resta sempre camuflada pelo enunciado. Trata-se aqui, para Lacan, de uma distinção originária na constituição do desejo: o fato de falar implica o Outro na mesma medida em que implica o fato de que a fala excede o que se quer dizer. Ou, como Lacan diria bem mais tarde, "que se diga fica esquecido detrás do que se diz no que se ouve".[7] Lacan indica isso de várias maneiras, mas há uma maneira que, para ele mesmo, é privilegiada. Ele escreve, na abertura dos *Escritos* e no *Discurso de Roma*, que se trata, em seu projeto, de promover à condição de princípio a ideia de que, na linguagem, nossa fala nos vem do Outro de uma forma invertida. Ocorre que, para Lacan, esse suporte que o objeto *a* é para o sujeito perante a divisão entre enunciação e enunciado consiste em um suporte corporal. O sujeito constitui-se desaparecendo diante do Outro. Mas esse desaparecimento produz imagens que são imagens corporais resistentes ao significante, ainda que se restrinjam às imagens corporais do corte. Sua função, que é como a de um indicador apontado para uma ausência como indício do desejo, é exercida por "apêndices do corpo".[8] O objeto parcial, no entanto, não é fornecido a partir de um lugar externo à estrutura, não é algo prévio à relação do significante com o sujeito; ele é "elemento da estrutura desde a origem". Diz Lacan nesse sentido: "Se em sua função ele [o objeto *a*] é realmente o que articulo, ou seja, o objeto definido como um resto irredutível à simbolização no lugar do Outro, ainda assim ele depende desse Outro, pois, se assim não fosse, como se constituiria?".[9]

Embora seja uma questão complexa, acredito que essas breves indicações sejam suficientes para assinalar que Lacan pensa a estrutura, pelo menos a partir de certo momento, numa relação com o corpo e vice-versa. Talvez fosse necessário trabalhar qual ontologia estaria implicada aí, e Lacan parece sugerir essa necessidade ao escrever coisas como: "(...) [o] objeto é o protótipo da significância [*signifiance*] do corpo como aquilo que está em jogo no ser".[10] No entanto, sabemos que também, por diversas vezes, ele recusou de maneira contundente esse caminho, seja restringindo a possibilidade da ontologia a uma pré-ontologia,[11] seja qualificando a ontologia como discurso do mestre a ser bem distinguido do discurso psicanalítico.[12] Como quer que seja, parece haver dificuldades profundas na localização do corpo entre

---

7   J. Lacan 1975/2008, p. 22.
8   J. Lacan, 1958a/1998, p. 689.
9   J. Lacan 2004/2005, p. 359.
10 J. Lacan 1960b/1966, p. 803.
11 J. Lacan 1973, p. 31.
12 J. Lacan 1975/2008.

ser e linguagem, dificuldades que não pretendo trabalhar aqui, mas que ecoam no problema a ser expor adiante. Não é esse o caminho que quero seguir neste capítulo. O que quero destacar agora é o fato de que essa estrutura transcendental do desejo que acabará por exigir o objeto *a* envolve, para Lacan, o falo, com o que se coloca, para mim, o segundo eixo que mencionei no início.[13]

Tanto a linguagem quanto a sexualidade implicam a alteridade. Lacan destaca, no entanto, o caráter paradoxal dessa implicação, pois não se pode nomear o Outro de uma vez por todas, nem tampouco reduzi-lo a objeto de um gozo impossível tornado imaginariamente possível, mas sempre adiado, na fantasia. Que se trate aí de uma impossibilidade, o que Lacan quer situar em torno dela é essa sobreposição entre uma impossibilidade que diz respeito à linguagem e uma impossibilidade que diz respeito à relação sexual. É nessa convergência que Lacan localiza o falo como, ele diz, "(...) um símbolo geral dessa margem que sempre me separa de meu desejo e que faz com que meu desejo seja sempre marcado pela alteração que ele sofre por entrar no significante".[14] Ou, como lemos nos *Escritos*: "O falo é o significante privilegiado dessa marca, onde a parte do logos se conjuga com o advento do desejo".[15]

Embora Lacan distinga entre falo imaginário e falo simbólico, ele é, afinal, a "imagem do pênis",[16] e lemos, naquele mesmo texto em que ele apresenta o grafo do desejo, que, se o falo simboliza o lugar do gozo porque faz falta na imagem desejada, é apenas porque se esteia no "órgão eréctil",[17] algo que é capturado, porque é o que há de "mais saliente" na copulação[18] e porque sua "turgidez" é a "imagem do fluxo vital" que se transmite na geração.[19]

No entanto, essa não parece ser uma argumentação que prime pela consistência, porque traz de modo contumaz aspectos dificilmente conciliáveis entre si.

Como primeiro aspecto, podemos destacar que, em outro texto dos *Escritos*, *Diretrizes para um congresso sobre a sexualidade feminina* (1960), Lacan parece reconhecer, ainda que muito de passagem, que a referência ao falo envolve uma circunstância (histórica?) de falocentrismo. Ele escreve que é "na dialética falocêntrica" que a mulher "representa o Outro absoluto".[20] O texto não deixa claro o que seria

---

13   Para uma exposição de elementos importantes da elaboração teórica de Lacan a respeito do falo, cf. R. Manzi (2014).
14   J. Lacan 1998, p. 273.
15   J. Lacan 1958c/1998; p. 699.
16   J. Lacan,1960c/1998, p. 836.
17   Ibid., p. 837.
18   J. Lacan,1958c/1998, p. 699.
19   Ibid., p. 699.
20   J. Lacan 1960c/1998, p. 741.

essa "dialética falocêntrica", mas marca bem que é preciso que isso tenha lugar para que a mulher represente o Outro absoluto. Lacan diz uma coisa importante a esse respeito no seminário 5, algo que talvez nos fizesse avançar quanto a esse ponto. Ele diz que o fato de o falo ser o significante do desejo não é resultado de um conjunto de considerações teóricas, "não é uma coisa deduzida",[21] mas um dado fornecido pela experiência analítica. Ora, se se trata de um dado fornecido por uma experiência, então parece ficar claro que não há como isso não ser contingente.

Também o acompanhamos dizer, em um momento um pouco posterior de sua reflexão, que nada falta à mulher: "Com referência ao que constitui a chave da função do objeto do desejo, o que salta aos olhos é que não falta nada na mulher. Estaríamos inteiramente errados em considerar que o *Penisneid* é um termo final".[22] No entanto, se retornarmos a Subversão do sujeito..., de 1960, ali também iremos ler o seguinte: "*Assim é a mulher por trás de seu véu*: é a ausência do pênis que faz dela o falo, objeto do desejo".[23] Além disso, Lacan escreve no mesmo ano, agora no texto sobre a sexualidade feminina, que o clitóris "coloca o sexo da menina sob o signo de uma menos-valia orgânica".[24] Um pouco antes, ele também escrevia algo que estabelecia uma ligação entre castração e desenvolvimento. Eis o trecho: "a castração não pode ser deduzida *apenas* do desenvolvimento, uma vez que pressupõe a subjetividade do Outro como lugar de sua lei. A alteridade do sexo descaracteriza-se por essa alienação".[25] Ora, que a castração não possa ser deduzida *apenas* do desenvolvimento, isso quer dizer que essa dedução exatamente implica esse desenvolvimento. Sem que seja explicitado o que se pensa aqui com essa palavra "desenvolvimento", a questão permanece em aberto. Mas permanece lá. Não é, inclusive, pontualmente que ela aparece, pois um dos objetivos do texto é defender que a "função da estrutura" não deve ser suprimida em favor da função do desenvolvimento,[26] sendo preciso reconhecer que não é que esta não tenha uma incidência importante, mas que possui limites.[27] "Desenvolvimento" e "pênis" são, me parece, termos aqui mobilizados em um sentido que tenderia a se desenhar na contracorrente do primeiro aspecto que destaquei agora há pouco e que indicava história e contingência. Além disso, não são poucas as circunstâncias em que Lacan insiste em que a diferença

---

21 J. Lacan 1998, p. 273.
22 J. Lacan 2004/2005, p. 200.
23 J. Lacan 1960b/1998, p. 840.
24 J. Lacan 1960c/1998, p. 738.
25 Ibid., p. 741, grifo meu.
26 Ibid., p. 741.
27 Ibid., p. 739.

sexual é um fato de discurso e que a "relação do sujeito com o falo (...) se estabelece desconsiderando a diferença anatômica entre os sexos (...)".[28]

Cabe mencionar ainda que aquela capacidade para a ereção, que Lacan destacava na imagem do pênis, por vezes é relacionada à questão mais abstrata da oposição entre presença e ausência, embora seja acompanhada pela oposição tumescência/detumescência do órgão.[29] Ora, uma presença e uma ausência só são reconhecidas quando nomeadas, quando conduzidas à dimensão do significante. Que sentido haveria em falar de ausência ou desaparecimento relativamente a um órgão como sendo simultaneamente estruturante e prévia ao significante a não ser o sentido implicado em uma estratégia que, afinal, seria de naturalização? Parece haver, assim, momentos em que a argumentação de Lacan dificilmente teria como se esquivar desse resultado, que é exatamente aquilo que ele defende que não podemos produzir. A consequência inevitável desse caminho – de assumir que o falo é o significante do desejo porque possui a capacidade de representar uma alternação entre presença e ausência em função da capacidade erétil de um órgão – parece ser uma normatividade assumida pela cultura, mas dada como natural; uma normatividade que eternizaria a repulsa pelo feminino de um modo tal que, exatamente, *produz* ambas as noções – tanto de repulsa quanto de feminino.[30]

A despeito de todo esse ziguezague, uma ideia parece ser sólida no pensamento lacaniano: a castração é algo que diz respeito não ao pênis, mas "ao sujeito em sua relação com a linguagem e à opacidade do desejo do Outro".[31] Ou, num vocabulário freudiano: a castração reporta-se à angústia da mediação entre o narcisismo e o princípio de realidade. Essa inadequação do desejo ao corpo, sempre atravessada tanto pelas contingências da cultura quanto por algo que é estruturante dela, por que chamá-la, afinal, de castração,[32] à medida que esse termo implicaria ter ou não ter o falo, ser ou não ser o falo?

Lacan, como todos sabem, procedeu a uma estruturalização do Édipo a partir da qual os lugares que o configuram são vazios. Permaneceu, no entanto, nomeando esses lugares com esses termos: Nome-do-pai, Desejo-da-mãe, falo, embora nada na vinculação entre estrutura e corpo pareça exigir prerrogativas desse vocabulário.

---

28   J. Lacan 1958c/1998, p. 693.
29   Cf. J. Lacan 2004/2005, *passim*, especialmente a sessão do dia 29 de maio de 1963.
30   Essa observação é inspirada na leitura de J. Butler (1990/2016). Ela não diz exatamente isso, mas escreve coisas parecidas do ponto de vista estrutural.
31   Expressão de M.-H. Brousse 2013.
32   De acordo com o dicionário *Houaiss*, etimologicamente a palavra "castração" remete a algo "que serve para separar".

Não parece haver, afinal, nenhum argumento decisivo no sentido de fundamentar que seja o falo o significante a responder por essa vinculação. Se a castração é um dado estruturante do sujeito em relação ao seu corpo, quer esse corpo seja dotado de um pênis ou de uma vagina, por que precisaríamos manter, na palavra, essa referência a uma realidade, que não é da ordem do real exatamente por ser biológica ou natural? *O falo não é o pênis. Mas, exatamente, quanto menos o falo é o pênis mais difícil se torna sustentar que se trate, aí, de falo.*

Assim, ou o falo tem a ver com o corpo, e não podemos, afinal, eliminar resíduos de naturalização no pensamento lacaniano que inevitavelmente (apesar da teoria da sexuação dos seminários tardios) serão tributários do mais profundo ranço de nossa cultura patriarcal, ou não tem nada a ver com o corpo, e então não temos, afinal, razão alguma para chamar de "falo" o significante do desejo. Haveria uma terceira alternativa?

Além de tudo isso, Lacan mobiliza o Nome-do-pai como significante da Lei. Pensar a castração numa relação com a linguagem o conduziu a assinalar o pai como nome da ruptura entre a criança e seu primeiro objeto de amor. Como essa ruptura é alojada no próprio simbólico, e como a entrada no simbólico corresponde à entrada na cultura, o resultado foi tornar amplamente coextensivos pai e cultura, tal como no mito freudiano do assassinato do pai da horda primitiva. A meu ver, a questão aqui se reduplica totalmente: que motivos haveria para destinar ao lugar masculino do pai a resposta pela própria incidência do simbólico senão o fato de partida de que vivemos em uma cultura patriarcal?

Toda a questão da subversão do sujeito e da dialética do desejo não poderia ser preservada, com vantagens, sem esse vocabulário que atribui tantas prerrogativas ao falo e ao Nome-do-Pai? Ora, não foi Lacan mesmo quem mais nos advertiu para o poder produtivo do significante e para o fato de que é com a linguagem "que emerge a dimensão da verdade"?[33]

***

Esses são, então, a meu ver, dois eixos de reflexão que encontramos nos *Escritos*: a necessidade de remeter a constituição do sujeito a uma dimensão transcendental indicada exclusivamente pelo fato de que se fala e a referência ao falo como significante do desejo. A questão que quero propor aqui é: seria possível preservar o primeiro

---

33   J. Lacan 1957/1998, p. 529.

sem o segundo? Em que medida esse segundo elemento é problemático quando tomado a partir do lugar de fala de uma mulher? Seria possível preservar a ideia de que um lugar de fala implica elementos estruturais que dizem respeito à sexualidade e ao desejo abrindo mão de nomear o significante do desejo como falo? Seria possível manter a referência a uma estruturação do desejo, a qual passa necessariamente pela construção de fantasias relativas à diferença sexual sem a centralização do falo que encontramos tanto em Freud quanto em Lacan? Não vou entrar aqui na questão sobre o uso da expressão "diferença sexual" no plural porque penso que isso daria lugar a outra discussão muito ampla. Restrinjo-me a questionar sobre a existência ou inexistência de fundamentação para que se situe, no interior da diferença sexual, um paralelo entre, de um lado, posse do falo, lei e posição masculina, e, de outro, ausência do falo, transcendência da lei e posição feminina.

Esse questionamento, nós o encontramos diretamente em Luce Irigaray,[34] Gayle Rubin,[35] Judith Butler,[36] Joel Birman[37] e Márcia. Arán, para quem a tese lacaniana de que a mulher não existe é totalmente devedora do "modo masculino de ver as coisas",[38] e Patricia Knudsen, de quem destaco aqui a seguinte consideração, também já relativa aos últimos seminários: "Se a anatomia cede lugar à lógica, o sexual, enquanto objeto construído pela psicanálise, deve abrir mão dos termos que tradicionalmente se referem a realidades ontológicas, ainda que performativas: homem e mulher".[39]

Penso que nenhuma dessas autoras deixou de estar alerta para a diferença entre sexo e gênero. Lacan precisa referir-se a lugares de gozo, não a papéis sociais, é claro. Mas haverá mesmo uma distância tão grande entre as duas coisas? Ou melhor: qual é o modo dessa distância? Não é central à psicanálise essa tese de que o lugar de gozo reverbera no lugar de fala? Não é também a própria psicanálise que convoca a uma reflexão sobre o laço social que parta da questão do desejo? Quando se diz que a cultura é fálica e que o gozo que está para além da linguagem é um gozo feminino não se está reificando a forma histórica de cultura que conhecemos e em que vivemos?

Talvez se deva a isso essa circularidade tão aprisionadora que encontramos na teorização das fórmulas da sexuação: a mulher é não toda porque aquilo que é não todo é o que chamamos de mulher. Circularidade apenas estancável, afinal, por um órgão que o homem possui e a mulher não. Em Lacan, essa circularidade parece

---

34   L. Irigaray 1977.
35   Citada por J. Butler 1990/2016 e por P. Knudsen 2007.
36   J. Butler 1990/2016.
37   J. Birman 2006.
38   M. Arán 2009)
39   P. Knudsen 2007 p. 126.

produzir consequências tão inaceitáveis quanto alguns momentos do texto freudiano. Ela é, a meu ver, uma circularidade do mesmo tipo que aquela produzida por Freud quando, em sua conferência sobre a feminilidade, indica a virilização (o que chama de "complexo de masculinidade")[40] como um dos caminhos possíveis para a mulher diante da castração. Obviamente que já se assumiu previamente que tais e tais características (que, para Freud, são as características que marcam a ética e a estética) são características masculinas.[41] Nos seminário 20, por exemplo, Lacan apresenta a seguinte consideração: "A mulher só entra em função na relação sexual enquanto mãe. (...) Para esse gozo que ela é, não toda, quer dizer, que a faz em algum lugar ausente de si mesma, ausente enquanto sujeito, ela encontrará, como rolha, esse a que será seu filho".[42] (No seminário 20, o mesmo que teria avançado na formalização da sexuação ao ponto de não precisarmos nos referir à anatomia para sinalizar o feminino e o masculino.) Será mesmo? Até onde isso vai? Não podemos ler uma coisa como essa e fazer como se não a tivéssemos lido.

Certo, temos elementos para falar de um gozo para além da linguagem, mas por que chamá-lo de feminino se ele não requer uma fêmea? Certo, do ponto de vista psicanalítico, a existência da cultura implica a lei, mas por que qualificar essa lei como masculina ou paterna?

Lacan construiu para a psicanálise um caminho que tornou desnecessário o psicologismo freudiano. Não seria possível construir para ela um caminho, imperativo do ponto de vista político, que tornasse desnecessário do ponto de vista epistemológico a insistência em um vocabulário – talvez mais do que em conceitos – que talvez tenda a reproduzir certas circunstâncias históricas tão vinculadas ao que J. Butler chamou de "sujeito masculino do desejo"?

Em um texto instigante chamado *Em Miami, ou o sintoma como sex-symbol*, Marie-Hélène Brousse, ao qual já me referi acima, traz essa ideia que estaria, para ela, no centro do debate ente psicanálise e feminismo: na posição de uma mulher ela se propõe tornar o feminismo, como sintoma, operatório. Talvez possamos nos permitir perguntar: tornar o feminismo operatório até as suas últimas consequências não exigirá que ele seja de fato refeito até ser totalmente desfeito? Mas talvez possamos nos permitir perguntar outra coisa: tornar o feminismo operatório *como sintoma* até as suas últimas consequências não exigirá também uma reconstrução do vocabulário psicanalítico?

---

40   S. Freud 1933b/2010.
41   Cf. o capítulo 1.
42   J. Lacan 1975/2008, pp. 40-41.

Essas perguntas poderiam se desdobrar em outras que, por ora, eu poderia colocar assim: será que é viável a recusa da hipótese, que também parece até o momento ser inseparável da psicanálise, de que a repulsa do feminino (e então a opressão da mulher) teria um enraizamento inconsciente incontornável? Por que, afinal, como tão bem observou Jacques André,[43] a mãe está ausente de *Totem e tabu*? Isso que Contardo Calligaris[44] chamou de "ingrediente básico do machismo" seria também "ingrediente básico da cultura"? Ora, se for, que motivos temos nós, mulheres, para não capitular?

Talvez se levante aqui a suspeita de que essas formulações não passariam da expressão de um desejo reprovavelmente fálico. Seria ela isso: um desejo direcionado ao discurso do mestre? Ou será que, afinal, não seria politicamente necessário assumirmos que não temos motivos para continuar a perpetuar essa tão longa tradição que identifica o discurso do mestre como algo masculino?

Apesar de minha resposta a essa última questão ser positiva, não posso encerrar este capítulo sem deixar de lembrar que uma das coisas que Freud pretendeu ter ensinado foi que duvidar de si mesma é um hábito extremamente salutar para qualquer teoria e vital para a psicanálise. E, sem deixar de reconhecer, tomando um pouco emprestado esse grande *insight* do texto de M.-H. Brousse, que, com esta enunciação, trato de pôr em ato o meu feminismo *como sintoma*.

---

43   J. Andrés 2000.
44   C. Calligaris 2015.

> capítulo VII

simbolicismo e circularidade fálica: em torno da crítica de nancy fraser ao "lacanismo"[1] <

> Notre manque d'imagination
> dépeuple toujours l'avenir.
>
> *Simone de Beauvoir*

Meu objetivo neste capítulo é desenvolver elementos de uma discussão a respeito do artigo "Contra o 'simbolicismo': usos e abusos do 'lacanismo' para políticas feministas", de autoria de Nancy Fraser.[2] No entanto, quero construir meu comentário a partir de um lugar externo a ele porque isso vai me permitir seguir uma estratégia argumentativa e introdutória capaz de indicar dois ângulos antagônicos pelos quais uma mesma coisa se coloca: a suposição da equivalência entre cultura e masculinidade, entendida aqui como alicerce do patriarcado e como algo em larga medida ainda promovido pela psicanálise. Apesar de a obra de Sigmund Freud ser também representativa de certas condições de possibilidade do próprio debate feminista, ela reproduziu diretrizes do patriarcado de maneira profunda. É comum, em contrapartida, nos depararmos com a tese de que o pensamento de Jacques Lacan se situaria numa posição de avanço com relação a isso. Convém, porém, insistir em questionar certos impasses que perduram em torno dessa ideia geral. Acredito que o texto de Fraser nos permite enxergar algo nessa direção.

Eu dizia, então: dois ângulos antagônicos. Eles estão aqui representados, nestes parágrafos introdutórios, por uma brevíssima referência a Camille Paglia e por

---

1 Texto apresentado no XVIII Encontro Nacional da Anpof (GT de Filosofia e Psicanálise, UFES, 2018) e no XV Seminário dos Estudantes de Pós-Graduação em Filosofia da UFSCar (2019) e publicado em MARTINS, A. e SILVEIRA, L. (Orgs.), *Freud e o patriarcado*. São Paulo: Hedra/Fapesp, 2020.
2 N. Fraser 2013/2017, p. 9.

outra, um pouco mais estendida, a Julia Kristeva.[3] Com isso pretendo indicar um viés pelo qual se torna possível acompanhar Fraser no centro do diagnóstico que ela fornece a respeito do tema da circularidade fálica.

Tomo como ponto de partida uma entrevista que Paglia forneceu para a *Folha de São Paulo* em 2015. Ali, ela sustenta a existência de uma "crise masculina" que teria sido incitada pelo feminismo e, então, faz as seguintes declarações:

> Tenho me preocupado muito com a epidemia do jihadismo no mundo, que é um chamado da masculinidade e está atraindo jovens homens do mundo inteiro. É uma ideia de que ali, finalmente, homens podem ser homens e ter aventuras como homens costumavam ter. A ideologia do jihad emerge numa era de vácuo da masculinidade, graças ao sucesso do mundo das carreiras. O Estado Islâmico, por exemplo, usa vídeos para projetar esse romance, esse sonho de que os jovens podem abandonar suas casas, integrar a irmandade e se lançar numa aventura masculina por meses, na qual correm risco de morte. Antes, havia muitas oportunidades de aventuras para homens jovens. Hoje, suas vidas são como as de prisioneiros: presos nos escritórios, sem oportunidade para ação física e aventura.

Paglia conecta jihadismo e feminismo ao sustentar que esse "vácuo da masculinidade" deve ser tributado ao fato de as mulheres quererem entrar no mundo do trabalho. Lemos na mesma entrevista:

> O problema hoje é que as mulheres, educadas e ambiciosas, querem entrar no novo mundo burguês do trabalho em escritórios, que são parte do legado da Revolução Industrial. Então temos um novo mundo em que homens e mulheres trabalham lado a lado nos escritórios, em que a divisão do trabalho entre homens e mulheres não existe. Portanto, ambos têm de mudar suas personalidades para se encaixar nessa realidade porque ambos são uma unidade de trabalho, são a mesma coisa. É muito frustrante para os dois porque, neste ambiente

---

[3] Entendo que esses nomes indicam posicionamentos antagônicos especialmente porque, enquanto J. Kristeva (1969/2012) segue uma inspiração lacaniana que traz a linguagem para o primeiro plano de elaboração teórica, C. Paglia (1991/2017) rejeita não só a referência a Lacan, mas ao pós-estruturalismo como um todo, reivindicando a influência de um Freud naturalizado.

neutro, em que as mulheres ganharam muito poder, a sexualidade do homem ficou neutralizada. E essas mulheres querem se casar com um homem com quem seja fácil se comunicar. E fora do ambiente de trabalho, qualquer homem que se comporte como homem provoca reações negativas.[4]

Ao fazer isso, ao estabelecer tal conexão, Paglia não está apenas insinuando relações insólitas entre os dois fenômenos; está propondo mediações que permitiriam situar o feminismo como fato relevante no surgimento do Estado Islâmico. Essas declarações estão a serviço de reproduzir, de maneira nada escamoteada, uma condição que é de violência contra a mulher ao mobilizar as seguintes ideias: exigir igualdade de direitos corresponde a efeminar os homens; é prejudicial à humanidade que as mulheres conquistem poder; os homens necessitam oprimir as mulheres para entender quem são. Não vou discorrer aqui sobre a dimensão do desserviço que uma das principais vozes do *backlash*[5] presta ao pensamento feminista. Não é isso o que quero propor para a discussão, e esse é um ponto que eu gostaria de tomar como dado, embora eu saiba bem que não é assim. Mas vou proceder desse modo porque o que quero destacar é o quanto essas declarações de Paglia podem nos remeter de modo surpreendente a algo que foi enunciado por Kristeva, que, como sabemos, tem em Lacan uma de suas principais referências.

Refiro-me ao artigo "Le temps des femmes"/ "Women's time", publicado pela primeira vez em 1979. Nele, lemos o seguinte:

> As mulheres são mais aptas do que outras categorias sociais, principalmente as classes exploradas, para investir nesta implacável máquina de terrorismo? *Nenhuma resposta categórica, positiva ou negativa, atualmente pode ser dada a essa questão.* Deve-se ressaltar, no entanto, que desde o início do feminismo, e certamente antes, a atividade política de mulheres excepcionais e, portanto, em certo sentido de mulheres livres, tomou a forma de assassinato, conspiração e crime. Finalmente, há também a conivência da jovem com sua mãe, sua maior dificuldade,

---

[4] O contexto geral que alimenta esses pretensos diagnósticos pode ser verificado em C. Paglia 1997/ 2017, 1999/2017, 2008/2017. Eles, por sua vez, remetem a todo um sistema de compreensão do que seriam a masculinidade e a feminilidade, sistema que, extensamente apresentado em *Personas sexuais* (Paglia, 1990/1992), reivindica a centralização de uma inspiração freudiana e, a meu ver, tem em sua base uma estratégia de naturalização e essencialização de mitos e outras expressões culturais.

[5] A. Oakley 1997.

relativamente ao menino, em se afastar da mãe para aderir à ordem dos signos, tal como investida pela ausência e separação constitutiva da função paterna. Uma garota nunca será capaz de restabelecer esse contato com sua mãe – um contato que o menino possivelmente redescobre através de seu relacionamento com o sexo oposto – exceto por se tornar uma mãe, através de uma criança, ou através de uma homossexualidade que é em si mesma extremamente difícil e julgada como suspeita pela sociedade; e, o que é mais, por que e em nome de que benefício simbólico duvidoso ela iria querer proceder a essa desvinculação de modo a se conformar a um sistema simbólico que lhe é estranho? Em suma, todas essas considerações – sua eterna dívida para com a mulher-mãe – tornam a mulher mais vulnerável dentro da ordem simbólica, mais frágil quando sofre dentro dela, mais virulenta quando se protege dela.[6]

O que quero sublinhar nesse trecho é que, apesar da contemporização que Kristeva não deixa de trazer com a frase "nenhuma resposta categórica, positiva ou negativa, atualmente pode ser dada a essa questão", fica já claro, no final do trecho, que o encaminhamento da sua resposta será positivo, tratando-se, para ela, de indicar que as mulheres possuem uma tendência especial às atitudes terroristas. E isso fica claro exatamente porque se assumiu de saída que as mulheres teriam uma posição destacadamente vulnerável com relação à ordem simbólica, sendo essa condição remetida, de maneira a meu ver dogmática, à suposta constatação de que é mais difícil para um ser humano que nasceu menina – do que para um ser humano que nasceu menino – separar-se de sua mãe. De todo modo, reconheço que se trata de um trecho difícil de interpretar, especialmente se tomado de maneira isolada. Sendo assim, para melhor indicar o ponto que quero destacar e para empregá-lo como porta de entrada no texto de Fraser – o que, afinal, é o meu objetivo –, entendo ser preciso retomar um pouco a estrutura do argumento de Kristeva.

Para o que quero trabalhar aqui, os pontos principais de sua argumentação são os seguintes.

De saída, precisamos saber que o horizonte de Kristeva é pensar a problemática e a situação das mulheres na Europa ao tempo, é claro, em que escreveu esse texto. Para isso, ela distingue três tipos de tempo: o cíclico, o monumental, o linear. Os dois

---

6   J. Kristeva 1979/1981, p. 29, grifo meu.

primeiros tipos, o cíclico e o monumental, forneceriam uma medida relacionada à repetição e à eternidade. O tempo cíclico envolve, para a autora, a gestação, a eterna recorrência de um ritmo biológico que está em conformidade com o da natureza, algo que é experimentado como um tempo extrassubjetivo e cósmico, um tempo que oferece a ocasião para, assim ela diz, "gozos inomináveis". Já o tempo monumental é totalizador e infinito e, diante dele, a própria noção de tempo passa a parecer inadequada. Por fim, o tempo linear é aquele que se configura como projeto e teleologia; um tempo que engloba partida, progressão e chegada – em outras palavras, trata-se aqui do tempo da história, aquele que caracteriza a civilização e que apresentaria traços obsessivos. Os dois primeiros tipos de tempo – cíclico e monumental – são, sustenta Kristeva, tradicionalmente ligados ao feminino, sobretudo em função da maternidade. Isso pode ser afirmado, segundo a autora, na medida em que a subjetividade feminina "se apresenta à intuição". Isto é, intuitivamente reconhecer-se-ia que o tempo cíclico e o tempo monumental são especificamente femininos ao passo que a subjetividade feminina seria refratária ao tempo linear. A distinção entre essas noções de tempo é, assim, apresentada como a chave para o diagnóstico da condição das mulheres na Europa em meados da segunda metade do século xx.

Kristeva usa, então, essas distinções para traçar outra, que seria aquela entre duas gerações de feministas na Europa: a primeira mais determinada por problemáticas de cunho nacional, a segunda mais europeia ou mesmo transeuropeia. O surgimento da segunda geração teria acompanhado o próprio surgimento de uma superação – hoje profundamente questionável enquanto tal – do tema da nação na Europa.

No final do artigo, Kristeva acrescenta a estas uma terceira geração, que coincidiria com uma atitude com a qual ela mesma diz se identificar. Essa terceira geração admitiria uma diminuição da problemática da diferença e, para ela, a dicotomia homem/mulher como rivalidade entre duas entidades seria entendida como algo que pertenceria à metafísica. Isso significa que, aqui, a própria noção de identidade passa a ser desafiada.[7]

---

[7] Nesse momento, preciso adiantar que Fraser caracteriza essa atitude de Kristeva como pós-feminista, radicalmente nominalista e antiessencialista, características que a situariam, aos olhos de Fraser, como um posicionamento para o qual "identidades coletivas são ficções perigosas". De minha parte, considero importante pontuar que não consigo compatibilizar o fato de Kristeva propor essa atitude com o que ela diz no restante do artigo e com o modo pelo qual formula essa proposta mesma porque isso tudo parece implicar sempre a referência à mulher como ser em conflito com a cultura caracterizada em si mesma como fálica. Para Fraser, Kristeva tem momentos ginocêntricos essencialistas e momentos nominalistas antiessencialistas – ambos com consequências deletérias para o feminismo. Em sentido contrário, diz Fraser, o feminismo deveria se valer de uma concepção pragmática de discurso, pois tal concepção permitiria aceitar a crítica ao essencialismo sem conduzir ao pós-feminismo.

Kristeva distingue, então, três gerações. A primeira é marcada por sufragistas e feministas existenciais. Trata-se de uma geração que aspirava a ganhar um lugar na época do projeto e da história e que, portanto, teria sido marcada pelo tempo linear. Por um lado, esse movimento é universalista; por outro lado, está enraizado na vida sociopolítica das nações. Temos aqui, exemplarmente, as exigências políticas das mulheres; as lutas pela igualdade com os homens no que diz respeito à remuneração no trabalho e ao alcance do poder nas instituições sociais; a rejeição, quando necessária, dos atributos tradicionalmente tomados como femininos ou maternos na medida em que são considerados no contexto de inserção nessa história. Tudo isso faz parte, diz a autora, da lógica da identificação com certos valores, que são os valores lógicos e ontológicos de uma racionalidade dominante no Estado-nação. Essa "lógica de identificação" trouxe muitos benefícios para as mulheres (as questões do aborto, da contracepção, da igualdade de remuneração, do reconhecimento profissional etc.). Importa sublinhar que ela é universalista em sua abordagem, desenhando uma corrente do feminismo que globaliza os problemas de mulheres de diferentes origens, idades, civilizações ou simplesmente de diferentes estruturas psíquicas, sob o rótulo de "Mulher Universal".

No caso da segunda geração destacada por Kristeva, temos, por um lado, mulheres mais novas que chegaram ao feminismo depois de maio de 1968 e, por outro, mulheres que tiveram uma experiência estética ou psicanalítica. A partir disso, diz Kristeva, segue-se que elas portariam uma desconfiança com relação a toda a dimensão política. Essa nova geração desenha-se em contraposição à anterior, reconhecendo a si mesma como qualitativamente diferente da primeira e expressando outra concepção a respeito da própria identidade e também de sua temporalidade. Trata-se de uma geração mais interessada na especificidade da psicologia feminina e de suas realizações simbólicas. A segunda geração busca, assim, oferecer uma linguagem às experiências intrassubjetivas e corpóreas. Com isso, problemas mais sutis teriam sido adicionados à demanda por reconhecimento sociopolítico, problemas que, ao serem colocados, teriam exigido a admissão de uma identidade irredutível, incomensurável com o sexo oposto. Trata-se de uma identidade plural, fluida, "não idêntica". Nas palavras de Kristeva, "esse feminismo reúne, por um lado, a memória arcaica (mítica) e, por outro, a temporalidade cíclica ou monumental dos movimentos marginais".[8]

O problema fundamental para a nova geração circunscreve-se em torno da seguinte pergunta: qual o lugar das mulheres no contrato social? Para Kristeva, esse é

---

8 Ibid., pp. 18-20.

o problema central porque, quando passam a atribuir a si mesmas essa condição de possuir uma identidade específica, passam a se perguntar: "o que acontece quando as mulheres alcançam posições de poder e se identificam com ele?".[9]

Ora, essa pergunta supõe, a meu ver, uma espécie de essência que seria prévia a essa relação com o poder – ou, de qualquer forma, algo que se apresentaria de modo anterior a tal relação –, e a leitora tem o direito de afinal se questionar se ela não deveria ser posta de uma forma diferente e que seria, simplesmente, a seguinte: "o que acontece quando alguém alcança posições de poder e se identifica com ele?". Esse lado avesso, digamos assim, não é mobilizado por Kristeva e é com essa relação truncada entre mulher e poder que ela toca incidentalmente – o que me interessa aqui – o problema do terrorismo. Dito de uma maneira mais clara: a questão do terrorismo é pontuada como uma consequência da relação *das mulheres com o poder*.

O parágrafo que introduz isso tem início com a observação de que salta aos olhos o grande número de mulheres nos grupos terroristas.[10] Kristeva pondera que a exploração das mulheres ainda é muito intensa e os preconceitos muito vivos para que se possa fazer uma boa leitura desse fato. Sustenta que ele pode, no entanto, ser interpretado como o produto inevitável do que ela chama de negação do contrato sociossimbólico. A atitude de negação desse contrato favoreceria o contrainvestimento nele como único meio de autodefesa e como luta para resguardar uma identidade. Para Kristeva, esse mecanismo de contrainvestir no contrato seria a base de qualquer ação política e poderia, supostamente, produzir diferentes atitudes civilizatórias, porque permitiria uma reabsorção flexível, em maior ou menor grau, da violência e da morte. Quando um sujeito é muito brutalmente excluído desse contrato sociossimbólico; quando isso acontece, por exemplo, com uma mulher que sente que sua vida afetiva ou sua condição como ser social são ignoradas, ela pode reagir tornando-se um agente dessa violência. O programa terrorista que é assumido a partir daí seria ainda mais opressivo e exigiria mais sacrifícios do que aquele contra o qual se lutou no início, e envolveria uma mobilização em torno do nome de uma nação, de um grupo oprimido, de uma essência humana imaginada como boa; em nome, então, de uma espécie de fantasia arcaica que Kristeva caracteriza como arbitrária.

Evidentemente, é necessária e irrecusável a questão do direito de responder à violência com violência. O tema do terrorismo implica problemas muito complexos que passam fundamentalmente pela necessidade de questionar que tipo de violência é vista como terror e que tipo de violência é incorporada, legitimada e amplamente

---

9   Ibid., p. 26.
10 As referências da autora são comandos palestinos, o grupo Baader-Meinhof e as Brigadas Vermelhas.

aceita por determinada cultura. Meu objetivo aqui não é discutir essas questões. O que quero pontuar é que, independentemente delas, algo diferente se articula quando se diz ou se insinua que a um modo propriamente feminino de estruturação da subjetividade corresponde uma tendência específica a um posicionamento contrário ao contrato social ou ao campo daquilo que pode ser construído publicamente do ponto de vista político.[11]

Paglia e Kristeva são nomes que nos remetem a posições antípodas. Mas teriam essas duas posições algo em comum? Suspeito que sim. E essa coisa em comum parece ser aquilo que permite com que ambas façam essas referências, em qualquer dos casos, profundamente problemáticas, ao terrorismo. Trata-se de ter assumido uma equivalência entre cultura e masculinidade ou ainda da sustentação – cara a Freud e também a Lacan – de que a cultura é em si fálica. Será que tudo se passa, então, como se os comentários de Paglia refletissem essas observações de Kristeva, como que do outro lado do espelho, mas de qualquer forma com um percurso argumentativo que acaba comprometendo o feminismo com o próprio fenômeno do terrorismo?

Sabemos que essa tese a respeito do caráter fálico da cultura – alojada no coração de *Totem e tabu* –[12] deu ensejo a um vasto volume de pensamento sobre o que seja a condição feminina, cuja expressão mais contundente talvez esteja registrada no trabalho de Luce Irigaray,[13] que, tal como o de Kristeva, localiza, parecendo cristalizar, o feminino como o outro da cultura, alimentando – em vez de confrontar – a ideia lacaniana de que "não há mulher senão excluída pela natureza das coisas que é a natureza das palavras".[14] O que para mim resulta no final das contas, e apesar de toda a distância que separa Lacan de Freud, em outro modo de expressar a tese freudiana de que o repúdio do feminino é fundante da cultura.[15]

A meu ver, é assim que se situa o interesse no texto de Fraser que quero comentar aqui, pois seu alvo central é o fato de Lacan ter assumido essa circularidade entre cultura e masculinidade. Para Fraser, isso se volta para a necessidade de pensar sobre um modelo de discurso, e ela aborda o problema numa tentativa de configurar o

---

11 Não é menos surpreendente a conclusão que Kristeva retira dessa reflexão no que diz respeito ao lesbianismo. Ela diz "(...) na rejeição da função paterna por lésbicas e mães solteiras pode ser vista uma das formas mais violentas que assume a rejeição do simbólico (...), assim como uma das mais fervorosas divinizações do poder materno – evidentemente isso perturba toda uma ordem legal e moral, sem contudo propor uma alternativa a ela" (Ibid., p. 30).
12 S. Freud 1913/2012.
13 L. Irigaray 1977/2012.
14 J. Lacan 1975/2008, p. 79.
15 S. Freud 1937/2010.

debate em torno exatamente de Lacan e Kristeva. Vou me restringir aqui às observações que ela faz a respeito de Lacan.

Fraser espanta-se com o recurso a Lacan para propósitos feministas. A seu ver, o pensamento de Lacan mobiliza um modelo de discurso que deveria ser evitado pelas feministas. Na sequência, ela vai relativizar essa observação, dizendo que se refere ao lacanismo (classificado como neoestruturalismo), e não a Lacan. De todo modo, ela afirma: "Tentarei esclarecer por que penso que as feministas devem evitar as versões da teoria do discurso que atribuem a Lacan e as teorias correlatas atribuídas a Julia Kristeva".[16] [17]

Quais são os critérios de Fraser para afirmar isso? Eles se organizam a partir das funções que devem ser preenchidas por uma teoria do discurso, pois ela deve permitir compreender:

1. Como as identidades sociais das pessoas podem ser fabricadas e alteradas ao longo do tempo. Fraser escreve, nesse sentido, que, "para compreender a dimensão de gênero da identidade social, não basta estudar biologia ou psicologia. Ao invés disso, é preciso estudar as práticas sociais historicamente específicas através das quais descrições de gênero são produzidas e vêm a circular".[18]

2. Como grupos sociais são formados e dissolvidos. Como podem ser formadas identidades coletivas, capazes de se colocar como agentes sociais coletivos.

3. Como a hegemonia cultural de grupos dominantes numa dada sociedade é garantida e contestada; quer dizer, em suas palavras:

> Quais são os processos pelos quais definições e interpretações contrárias aos interesses das mulheres obtêm autoridade cultural? Quais são as perspectivas de uma mobilização de definições e interpretações feministas contra-hegemônicas para a criação de amplos grupos e alianças de oposição?[19]

4. Como vislumbrar perspectivas de mudança social emancipatória e prática política. Nesse sentido, uma concepção de discurso relevante para a prática feminista implicaria a rejeição da imagem da mulher como vítima passiva da dominação

---

16 N. Fraser 2013/2017.
17 A *Lacuna: Uma revista de psicanálise* atribui apenas um número de página a todo o artigo, razão pela qual não indicarei mais, doravante, essa informação nos trechos citados desse texto de Fraser.
18 Ibid., grifo meu.
19 Ibid.

masculina e "valorizaria as dimensões de empoderamento em disputas discursivas sem desembocar em recuos 'culturalistas' de engajamento político".[20]

À luz desses pontos, Fraser sustenta que os modelos estruturalistas fariam abstração exatamente daquela dimensão sobre a qual é preciso pensar: as práticas sociais e o contexto social da comunicação. Ela diz que essa abstração teria sido promovida por Saussure, que privilegiou a sincronia, afastando a consideração das mudanças históricas. Por ser fundante do modelo, essa abstração suprimiria e esvaziaria a questão da prática e da agência do sujeito que fala. Ora, uma coisa evidentemente não se segue da outra. Saussure não estava preocupado com o contexto social da comunicação, mas isso porque seu projeto se desenhava em favor de uma delimitação da nova ciência.[21] Disso não se segue, porém, que uma abordagem de inspiração estruturalista não possa se preocupar com a enunciação.[22]

Mas voltemos aos critérios formulados por Fraser. Não vou discutir aqui o fato de haver ou não um descompasso entre identidade de gênero e sexuação, reconhecendo apenas que esse problema atravessa o texto de Fraser. Quero observar, todavia, que o fato de situar esses critérios em oposição ao pensamento lacaniano, afirmando que ele não atende a nenhum, parece sugerir toda uma lista de problemas que passa de maneira relevante pelas seguintes ponderações: Fraser entende o pensamento de Lacan como psicologia – o que se confirma com trechos posteriores do artigo –; ela negligencia o fato de que a clínica psicanalítica visa justamente promover alterações subjetivas que não podem ser situadas de modo alheio à dominação cultural; ela ignora a dimensão inconsciente da identificação.

Mas Fraser continua seu argumento sustentando que, apesar disso – apesar de envolver de saída uma abstração pouco salutar –, uma "leitura ideal-típica de Lacan" traria a promessa de traçar uma convergência entre a problemática freudiana da construção de uma subjetividade na qual incide a questão do gênero e a linguística estrutural, o que traria a cada uma dessas coisas uma correção recíproca. Com Freud, o sujeito falante, eliminado por Saussure, pode ser trazido de volta. Com Saussure, a identidade de gênero pode ser tratada de maneira discursiva, o que permitiria eliminar certas insistências de Freud no biologismo. A princípio, o gênero estaria ao lado de Lacan, mais aberto a mudanças.

Mas esse não é o caso, pensa Fraser, porque o lacanismo está marcado por uma circularidade. Cito a autora:

---

20 Ibid.
21 A linguística, bem entendido.
22 Nesse sentido, basta lembrarmos, por exemplo, a amplitude dos trabalhos de É. Benveniste 1970/2006.

Por um lado, ele pretende descrever os processos através dos quais os indivíduos adquirem subjetividades marcadas pelo gênero por meio de uma dolorosa conscrição, em tenra infância, a uma ordem simbólica falocêntrica preexistente. A estrutura da ordem simbólica é, aqui, presumida na determinação do caráter da subjetividade individual. Por outro lado, ao mesmo tempo, a teoria pretende mostrar que a ordem simbólica precisa ser necessariamente falocêntrica, dado que a realização da subjetividade exige a submissão à "Lei do Pai".[23]

Eis um modo de expressar mais diretamente essa circularidade: o sujeito precisa se submeter a uma ordem simbólica falocêntrica porque esta exige a submissão do sujeito. Tal procedimento teórico produz uma consequência que Fraser formula de modo impecável: aquilo que são "armadilhas historicamente contingentes de dominação masculina aparecem agora como características invariáveis da condição humana".[24] Dentre essas armadilhas, Fraser destaca: "o falocentrismo, o lugar desfavorecido da mulher na ordem simbólica, a codificação da autoridade cultural em termos masculinos, a impossibilidade de descrever uma sexualidade não fálica".[25] O resultado é que "a submissão das mulheres é, assim, inscrita como o inevitável destino da civilização".[26]

Para Fraser, essa circularidade desdobra-se em psicologismo. Nisso ela faz um emprego específico dessa palavra. Não se trata de uma referência a um psicologismo de tipo freudiano, que envolveria a metafísica da representação tal como denunciada por Politzer,[27] mas de algo mais insidioso, porém ao mesmo tempo, tudo indica, não totalmente compatível com reflexões de inspiração lacaniana. Psicologismo seria aqui, ela diz, "a visão insustentável segundo a qual imperativos psicológicos autônomos, dados independentemente da cultura e da história, podem ditar a maneira pela qual são interpretados e atuados no interior da cultura e da história".[28] O "lacanismo" incorreria assim em psicologismo porque sustentaria que certas *regras psicológicas* – a referência implícita aqui é a inscrição do Nome-do-pai – determinariam de maneira a-histórica a entrada do sujeito na própria história.

---

23 Ibid.
24 Ibid.
25 Ibid.
26 Ibid.
27 G. Politzer 1928/1998.
28 Ibid.

O outro lado da circularidade identificada no lacanismo seria, para Fraser, o simbolicismo, isto é, a referência a "uma 'ordem simbólica' monolítica e onipresente; e (...) o fato de a esse sistema ser conferido um poder causal, exclusivo e ilimitado, de fixar a subjetividade das pessoas de uma vez por todas".[29]

Ora, entre psicologismo e simbolicismo, seria difícil pensar como o processo de subjetivação poderia ser dito independente da cultura, seja para a psicanálise lacaniana, seja para a psicanálise em geral, embora, é claro, a teoria invista em indicar invariantes nesse processo. A despeito disso, Fraser encaminha a seguinte conclusão:

> O "lacanismo" parecia prometer uma maneira de superar o estruturalismo ao introduzir o conceito de sujeito falante. O que, por sua vez, parecia sustentar a promessa de uma maneira de teorizar sobre as práticas discursivas. Contudo (...) tais promessas permanecem não cumpridas. O sujeito falante introduzido pelo "lacanismo" não é o agente da prática discursiva. Ele é simplesmente um efeito da ordem simbólica combinado a algumas pulsões libidinais reprimidas. O sujeito falante é, assim, totalmente passivo, submetido ao simbólico e o eu não passa de projeção imaginária. Assim, a introdução do sujeito falante não obteve sucesso em desreificar a estrutura linguística. Pelo contrário, uma concepção reificada da linguagem como sistema colonizou o sujeito falante.[30]

Além disso, para Fraser, o lacanismo restringe a identidade de gênero a termos binários e, por causa da vinculação entre Édipo e ordem simbólica, torna a questão da identidade mais fixa ainda do que o era em Freud. Também não permite compreender a formação de grupos sociais porque os restringe à incidência da identificação imaginária.[31]

A partir de todos esses elementos, Fraser conclui que não há, no escopo do lacanismo, espaço para um agente da prática política.

Pensar a agência política parece de fato exigir mais do que aquilo que pode ser mobilizado exclusivamente a partir da psicanálise. Mas a ação política é a ação de um sujeito, e uma teoria política que não articule em alguma medida a questão de

---

29   Ibid.
30   Ibid.
31   Em um sentido contrário ao que sustenta Fraser aqui, o problema da identificação simbólica e a importância de trabalhá-la no contexto da teoria lacaniana são desenvolvidos por I. Marin (2018) a partir do que ela diagnosticou como "déficit psicanalítico na teoria crítica feminista".

como esse sujeito se estrutura correrá o risco de assumir de modo ingênuo um ideal de autonomia inflacionado e de não reconhecer nas formações sociais toda uma dinâmica inconsciente que cabe à psicanálise esclarecer.

Dito isso, muitas coisas já teriam que ser observadas aqui, mas vou me restringir nesse momento a assinalar apenas quatro pontos. Se, por um lado, (1) há de fato a ideia de que uma estruturação do sujeito acontece de uma vez por todas por referência ao modo pelo qual o simbólico se inscreve (ou não) para ele, tratando-se aí de uma inscrição que passa a se repetir; por outro precisamos lembrar que (2) Lacan insiste desde o *Discurso de Roma* na historicidade como atributo central do simbólico, que (3) a determinação do sujeito pelo significante, tão enfatizada no início década de 1950, passa a ser confrontada com a necessidade de reconhecer aquilo que é trazido pelo corpo com a construção do grafo do desejo, algo que começa a ter lugar em torno de 1957, e que (4) a ordem simbólica passa a ser concebida como algo não totalizado a partir da noção de falta no Outro.[32] Nesse sentido, tudo se passa como se as críticas de Fraser se restringissem a formulações que Lacan de fato desenvolveu no início dos anos 1950, mas das quais se afastou ao enfrentar alguns de seus próprios impasses. É o caso também de quando ela afirma: "Sujeitos falantes poderiam apenas reproduzir a ordem simbólica existente, sem nunca poder alterá-la".[33] É evidente, assim, que os veredictos peremptórios dirigidos a Lacan resultam do fato de Fraser não ter trabalhado diretamente com o autor, mas se restringido ao que chama de "lacanismo", produzindo então profundas esquematizações de um pensamento tão resistente a esse tipo de captura. Assim, quando a autora diz que, com o termo "lacanismo", não se refere "diretamente ao pensamento de Lacan, cuja complexidade é grande demais para lidar aqui",[34] mas a uma "leitura neoestruturalista ideal-típica, amplamente atribuída a Lacan por feministas de língua inglesa",[35] ela entrega algumas das principais raízes de seus equívocos de leitura.

Tudo se passa, então, como se a crítica de Fraser a Lacan não admitisse aquilo que Freud trabalhou como psicologia das massas[36] e, no fundo, não houvesse inconsciente. É como se fosse jogada para debaixo do tapete toda a questão da identificação e fosse possível esperar do sujeito um excesso de autonomia e de esclarecimento. Vislumbra-se, na crítica de Fraser ao lacanismo, uma identificação da autora

---

32 Remeto o leitor e a leitora a L. Silveira 2004, pp. 49-58 para o ponto 2 e L. Silveira 2022 para os pontos 3 e 4.
33 Ibid.
34 Ibid.
35 Ibid.
36 S. Freud 1921/2011.

com a expectativa de estabelecer uma equivalência entre pensamento e consciência, equivalência na qual, precisamente, a psicanálise tentou instaurar uma ruptura. Assim, um ponto importante é que ela suprime a questão do que é a constituição subjetiva e os problemas envolvidos em pensar essa constituição de um modo tal que permita compreender como a subordinação pode ser desejada pelo próprio sujeito que vive a condição de subordinação. E essa parece ser uma questão central para a própria teoria crítica.

Nenhuma dessas observações, no entanto, dissolve aquela circularidade, que parece resistir à lida da teoria lacaniana com seus próprios impasses. E é por esse motivo que, para mim, instaura-se aqui uma espécie de via de mão dupla no sentido de que perguntar (1a questão) em que medida a psicanálise importa para o feminismo corresponde também a perguntar (2a questão) em que medida questões formuladas em um contexto de reflexão feminista podem e devem nos conduzir a ressignificar, remodelar, ressituar, conceitos centrais da teoria psicanalítica. Esse é, sem dúvida, o caso de termos como Nome-do-pai, função paterna e falo, porque todos eles estão comprometidos com a caracterização masculina da cultura e com o jogo espúrio da identificação, historicamente reproduzida, entre submissão erótica e submissão política.

Com relação à primeira questão, é de fato fundamental o valor do afastamento entre psicanálise e biologia, que, sem deixar de promover ambiguidades, é efetivamente mobilizado tanto pela teoria lacaniana quanto, em alguma medida, pela freudiana. O que são os *Três ensaios...*[37] senão a defesa de que um corpo se constrói a partir de suas capacidades eróticas? De que a multiplicidade das pulsões parciais não carrega de saída nenhum caminho predeterminado no que diz respeito à escolha de objeto? Lacan soube reconhecer o papel da linguagem nisso, trazendo para o primeiro plano as tensões entre enunciado e enunciação na construção da relação entre corpo e cultura. Ao insistir no fato de que o ser humano é um ser de fala, Lacan o afasta, mais decisivamente do que ocorria com Freud, do lugar de algo que responderia essencialmente a uma determinação biológica. Temos aqui elementos que entram em rota de colisão com a insistência na caracterização masculina da cultura, elementos dos quais, portanto, o feminismo não pode abrir mão.

Mas penso, como já adiantei, que a primeira questão só pode ser trabalhada se a segunda o for também, e que o valor da psicanálise para a luta política feminista e a

---

[37] S. Freud 1905/2016.

possibilidade de se recorrer a ela para pensar sobre a emancipação feminina dependem em larga medida da realização de uma releitura que se encaminhe nessa direção.

No que concerne agora à segunda questão, ela ainda remete ao seguinte encaminhamento: podemos manter uma estrutura de entrada do sujeito na cultura sem manter o caráter masculino desta? Isso – que aparentemente permitiria sobrepujar a circularidade denunciada por Fraser – ainda seria Édipo?

Em "Feminismo, negatividade, intersubjetividade", Drucila Cornell e Adam Thurschwell[38] enfrentam isso, mas alcançam uma resposta negativa: uma interpretação estrutural da narrativa edípica estaria fadada a traçar uma equivalência entre falo e presença, de um lado, e feminino e vazio, de outro. Mas podemos nos perguntar, contra essa resposta, se a estruturalização da entrada na cultura não pode ser pensada nos termos de uma relação entre fala, corpo e alteridade sem que sejam reproduzidas as circularidades entre falo e cultura e sem que a dimensão erótica da experiência humana seja submetida a um apagamento.

Isso exige a retomada da questão da diferença sexual, com o que podemos nos perguntar se ela poderia ser pensada nos termos de uma dupla diferença:

- A diferença entre um sujeito qualquer e um outro qualquer: como o seduzo, como demando/provoco seu prazer e sua ternura, como ele me seduz, como ele provoca meu prazer e minha ternura; como o agrido e odeio, como respondo à agressividade e ao ódio alheios.

- A diferença "internalizada",[39] trazida para o coração desse sujeito como sua divisão, na medida em que o espaço que o sujeito cria para si mesmo só pode ser criado a partir do outro; na medida em que não há uma subjetividade inata, precisando ser construída por operações de identificação.

Pensar assim poderia talvez corresponder a preservar a ideia de que o sentido é sexual,[40] que ele implica o corpo como lugar a partir do qual se fala, e que falamos para um Outro a partir das nossas próprias pulsões parciais. O sentido envolve a perda do objeto *a* e a impossibilidade de submeter o desejo ao dito. Mas ele não tem sexo. Só podemos dizer que o sentido tem sexo se assumirmos de antemão a equivalência entre simbólico e masculino, ou entre simbólico e lei paterna. E essa equivalência é perfeitamente circular. Quer dizer, essa equivalência só pode ser sustentada mediante

---

38 D. Cornell e A. Thurschwell 1987, um texto sobre Kristeva, no qual li algumas das afirmações sobre o ponto do terrorismo, o que me fez ir ao texto da própria autora.
39 Usei esse termo entre aspas para marcar que não se trata de uma internalização de ordem psicológica.
40 J. Lacan 1973/2003.

o fato de se assumir uma contingência como uma necessidade, uma situação histórica como se ela fosse algo *logicamente* fundamentado.

Assim, acredito ser possível supor que o problema não é a referência de Lacan à falta, mas o estabelecimento, a despeito de tantos aparentes esforços no sentido contrário, de uma equivalência entre falta e o fato de não se possuir um pênis.[41]

Nesse sentido, a questão talvez não seja, então, estruturalizar menos, mas estruturalizar mais, isto é, fortalecer o caráter universal de certos elementos envolvidos na relação entre linguagem e corpo – porém de um modo já distante, por exemplo, dos projetos de Kristeva e Irigaray. Talvez seja interessante empreender essa tarefa teórica – fortalecer o caráter universal de certa estrutura – não no que diz respeito ao Nome-do-Pai ou ao falo, mas no que diz respeito a este ponto mais elementar que é a entrada do sujeito naquilo que é próprio da linguagem como interdição de uma relação imanente com o mundo; algo que, todavia, não traz motivos, a não ser contingentes, para se expressar com o conteúdo tradicional do complexo de Édipo[42] (ao menos naquilo que carrega de um vínculo inexorável entre erotismo e parricídio) ou como prevalência simbólica de um dos lados da sexuação. Assim, precisaremos pensar que a relação do sujeito com a linguagem envolve a incidência do poder, mas não precisaremos assumir que esse poder seja necessariamente masculino.[43]

Essas indicações, embora apenas esboçadas, permitem-me propor reler o texto de Fraser aqui comentado à luz do que ela diz em outro lugar. Quando Fraser escreve sua conhecida crítica (habermasiana) a Habermas no texto *O que é crítico na teoria crítica?*, seu ponto de partida é uma definição de teoria crítica que ela encontra em Marx e que, de acordo com a autora, ainda seria a melhor definição em virtude de sua dimensão política. Trata-se de um trecho da Carta a Arnold Ruge de setembro de 1843. Esta definição circunscreve a teoria crítica como "o autoaclaramento das lutas e desejos de uma época".[44] O que Fraser enxerga aí é que o pequeno trecho de Marx seria capaz de indicar que a diferença entre uma teoria crítica da sociedade e uma teoria acrítica da sociedade seria uma diferença política. Ela diz que essa diferença não seria marcada de saída nem do ponto de vista filosófico nem do epistemológico. Os programas de pesquisa da teoria crítica devem ser articulados, defende

---

41   Desenvolvi essa argumentação no capítulo 6. Ver também J. Gallop 1988/2001.
42   Para uma problematização que revela o quanto, na verdade, seria restrito o lugar do complexo de Édipo em Freud e o quanto Lacan se afasta dele ao final de sua obra, ver P. Van Haute e T. Geyskens 2012/2016.
43   A existência contingente do Édipo pode ser entendida como uma fantasia disso e talvez tenhamos no próprio Lacan elementos para pensar assim. É importante, por exemplo, nesse sentido, a caracterização que ele faz do Édipo como "um sonho de Freud" (Lacan, 1992, p. 123).
44   Marx citado por N. Fraser 1985/1987, p 38.

a filósofa, a partir dos movimentos sociais com os quais ela se identifica ao mesmo tempo que toma certa distância – a distância da crítica – em relação a eles. É isso o que permite a Fraser situar o interesse da teoria crítica com relação ao movimento feminista ao dizer:

> Assim, por exemplo, se as lutas contestadoras da subordinação das mulheres figurassem entre as mais significativas de uma certa época, a teoria social crítica para aquele tempo teria por objetivo, entre outras coisas, esclarecer o caráter e as bases dessa subordinação. Empregaria categorias e modelos explanatórios que revelassem, em vez de ocultar, relações de dominância masculina e subordinação feminina. E desmistificaria como rivais ideológicos os enfoques que ocultassem ou justificassem aquelas relações.[45]

Ora, se é assim, se é tarefa essencial da teoria crítica revelar as formas de dominação masculina e subordinação feminina, então não seria a psicanálise lacaniana, em virtude dos pontos observados acima, um instrumento precioso, desde que façamos a crítica da própria teoria, para avançar no diagnóstico dessa subordinação? É importante reconhecer, contra Fraser, o fato de que desde Freud a neurose é a expressão subjetiva da dominação e que o ideal de fazer uma travessia dessa dominação como fantasia é instaurado no coração da psicanálise.

Ou seja, para além do fato – que pretendo ter ao menos assinalado – de que a argumentação de Fraser possui pontos frágeis em relação a uma análise possível daquilo que Lacan efetivamente formulou como teses, uma das questões que é relevante recolocar a partir desse seu texto é, de modo evidente, esta: há algum interesse em mobilizar o pensamento de Lacan numa convergência com as pautas feministas do ponto de vista político e do ponto de vista teórico? Seu pensamento nos permite avançar em algum sentido? A resposta de Fraser, como já sabemos a essa altura, é negativa. E, a meu ver, ao elaborar essa resposta, ela acerta um alvo central no que diz respeito ao diagnóstico que precisa ser articulado em torno da questão que é posta aqui. Este alvo é a circularidade argumentativa envolvida nas noções de falo e de Nome-do-pai. Mas o que quero essencialmente dizer é que ela acerta esse alvo de um modo que talvez possa ser repensado e que, aliás, nos permita trazer a crítica para um momento interno à própria psicanálise.

---

45   Ibid.

Todavia, se se quer pensar o interesse da psicanálise lacaniana para o feminismo – à medida que se aposta na possibilidade efetiva de se pensar isso –, então, torna-se cogente insistir na seguinte pergunta: o que se perde com a posição formulada por Fraser? Minha hipótese, no que diz respeito agora mais diretamente a isso, é a de que o que perdemos ao pretender aniquilar tal interesse é, em essência, a possibilidade de uma teoria não psicologista[46] e não biologista da estruturação subjetiva que permita identificar os mecanismos pelos quais a opressão é incorporada pelo próprio sujeito.

Posso, então, agora, retomar o movimento inicial deste capítulo e propor a ideia de que a defesa de uma articulação entre feminismo e terrorismo – seja responsabilizando o primeiro por alimentar o jihadismo, seja identificando na feminilidade, de modo desatrelado da condição de opressão e remetido a uma suposta estrutura da relação entre menina e mãe, uma tendência especial à reação violenta – faz parte do próprio jogo do patriarcado, pois assumi-la corresponde a atribuir às mulheres, de saída, um lugar externo à esfera pública. Suspeito, então, que, na base das referências tanto de Paglia quanto de Kristeva às pretendidas articulações entre o terrorismo e as mulheres, encontramos em operação a circularidade da lei paterna tal como denunciada por Fraser. Assim, se é possível apostar no fato de que o pensamento de Lacan possui a capacidade concreta de contribuir com a complexidade de análises exigida por uma reflexão feminista, e se, simultaneamente, assumimos a correção do diagnóstico de Fraser no que diz respeito a esse ponto, então a tarefa que se impõe é ainda pensar a psicanálise para além do falo e para além de um simbólico estruturado em torno da noção de Nome-do-pai. Em que medida isso significaria pensar com Lacan e, contudo, para além dele?

---

46   Emprego agora a palavra no sentido de Politzer.

capítulo VIII

a mãe preta e o nome-do-pai: questões com lélia gonzalez[1] <

Lélia Gonzalez (1935-1994) desempenhou, na história brasileira recente, dois papéis entrelaçados e extremamente significativos: foi uma militante de ampla atuação nos movimentos negro e feminista, tendo participado da fundação do Movimento Negro Unificado, em 1978, e atuado em sua direção por alguns anos, entre 1978 e 1982;[2] foi uma intelectual preocupada com a formação da cultura brasileira e nos deixou um legado de livros, ensaios e entrevistas que contêm análises, hipóteses e argumentos ricos e originais a respeito de quem somos como brasileiras e brasileiros. À luz dessa preocupação com a formação de nossa cultura, Lélia Gonzalez criticou o mito da democracia racial e produziu análises importantes em que conjuga problemas relacionados a raça, gênero e classe. Para levar a cabo algumas dessas análises, a autora mobilizou conceitos psicanalíticos em alguns de seus trabalhos e isso se voltou, sobretudo, para a tese, apresentada em "Racismo e sexismo na cultura brasileira",[3] de que o racismo no Brasil é a "sintomática" de nossa cultura, tese que se articula à ideia, elaborada pela autora em "A categoria político-cultural de amefricanidade",[4] de que o racismo assume, entre nós, a forma da denegação, ou seja, a ideia de que a cultura brasileira é negra ao mesmo tempo que se esforça para negar essa sua característica. Neste capítulo, pretendo contextualizar o argumento desse ensaio de Gonzalez com relação à psicanálise e a outros aspectos de seu pensamento (especialmente o conceito de amefricanidade) e enfatizar o tema da mãe preta que, por ser inserido no ambiente teórico da psicanálise lacaniana, é aí tratado à luz do

---

1   Publicado em *Revista Estudos Feministas*, v. 30, pp. 1-13, 2022. Agradeço a Yara Frateschi pela oportunidade de apresentar este texto no evento "Mulheres na Filosofia" (Unicamp, 2019); a Ana Cláudia Lopes Silveira e a Monique Hulshof, pelas primeiras indicações de leitura do ensaio de Lélia Gonzalez; a Pedro Ambra e Rafael Lima, por terem compartilhado comigo seus textos enquanto ainda estavam no prelo; às pareceristas da *Revista Estudos Feministas*, que muito contribuíram para a forma final de apresentação deste texto.
2   R. Barreto 2019.
3   L. Gonzalez, 1984.
4   L. Gonzalez 1988, pp. 69-82.

modo como esta trabalhou o complexo de Édipo, situando o Nome-do-pai como seu operador central.

racismo como sintoma

Em "Racismo e sexismo na cultura brasileira", ensaio apresentado por Lélia Gonzalez em 1980 na reunião da Sociedade Brasileira para o Progresso da Ciência (sbpc) e publicado na *Revista Ciências Sociais Hoje* em 1984, a autora deixa claro que é a partir da psicanálise que tece sua argumentação ao escrever, por exemplo: "Nosso suporte epistemológico se dá a partir de Freud e Lacan, ou seja, da Psicanálise".[5] Assim, quando Gonzalez diz que o racismo é "a sintomática que caracteriza a neurose cultural brasileira",[6] ela está mobilizando a noção de sintoma em um sentido propriamente psicanalítico, referido especificamente ao autor que o inaugurou e a seu mais conhecido discípulo francófono. Temos a adoção bem marcada de uma vertente específica da psicanálise, portanto. Essa especificidade aparecerá, sobretudo – e naturalmente –, na abordagem que Lélia dedica à questão da linguagem. Vou me referir a esse ponto a partir de diversos ângulos. Antes de fazer isso, porém, retomemos brevemente o que significa, para a psicanálise freudiana, alguma coisa ser sintoma.

Grosso modo, devido a um processo de defesa, que implica uma existência dividida e em conflito, algo que busca exprimir-se em virtude de sua intensidade encontra-se impedido de fazê-lo. Por ser o lócus de convergência dessas duas forças – uma que busca manifestar o desejo e outra que impede essa expressão –, o sintoma necessariamente revela ocultando, oculta revelando. Essa lógica, que não é de esconder, mas de dissimular, é a que fornece as condições de possibilidade da interpretação, pois se um sintoma (como qualquer outra formação do inconsciente) pode ser interpretado, é porque a verdade se expressa *com seu disfarce*. Para Freud, tal lógica ultrapassa o âmbito do sintoma, alcançando, por exemplo, o uso linguístico que fazemos da negação. Usar o "não" corresponde a um caminho possível para o reconhecimento do recalcado, o que significa que ele é assumido nesse uso sob a condição de ser repudiado. Em "A categoria político-cultural de amefricanidade", Gonzalez fornece a definição de Jean Laplanche e Jean-Bertrand Poltalis para a *Verneinung* freudiana; trata-se do "processo pelo qual o indivíduo, embora formulando um de

---

5   Ibid., p. 225.
6   Ibid., p. 224.

seus desejos, pensamentos ou sentimentos, até aí recalcado, continua a defender-se dele, negando que lhe pertença".[7]

Lélia Gonzalez mostra que o racismo como sintoma na cultura brasileira articula-se com o sexismo, produzindo violência especialmente sobre a mulher negra. Explica que aquilo que a conduz à psicanálise, no que diz respeito a essa questão, é o fato de perceber um certo limite nas abordagens sociológicas e econômicas fornecidas para o tema. Para que o racismo seja tomado em seu funcionamento de sintoma, é preciso, sustenta a autora, remetê-lo ao conceito de inconsciente. Lélia escreve: "Os textos só nos falavam da mulher negra numa perspectiva socioeconômica que elucidava uma série de problemas propostos pelas relações raciais. Mas ficava (e ficará) sempre um resto que desafiava as explicações".[8] Então, esse resto é o que a autora problematiza *com* a psicanálise. Tomando como referência uma observação em que Jacques-Alain Miller[9] opõe psicanálise e lógica – no sentido de que a matéria do inconsciente impõe-se num campo que resiste a esta –, Gonzalez pode manejar uma articulação entre negro, lixo e inconsciente. Miller dizia no trecho citado por Lélia: "A análise encontra seus bens nas latas de lixo da lógica".[10] Ela então se apropria da palavra "lixo" para formular a pertinência de seu recurso à psicanálise: "Ora, na medida em que nós negros estamos na lata de lixo da sociedade brasileira, pois assim o determina a lógica da dominação, caberia uma indagação via psicanálise".[11] A autora confere ao termo "lógica" uma especificação, uma visada mais política: a lógica da dominação produz um resto e a razão para isso é que, ao desejo, sobrepõe-se uma rejeição, de modo que nenhum dos dois – nem desejo nem rejeição – manifesta-se enquanto tal no nível do fenômeno, motivo pelo qual se torna necessária uma outra racionalidade, que não é nem a da sociologia nem a da economia, e que seja capaz e proceder à interpretação daquilo que se trata de perceber e analisar mais amplamente.

Penso que o argumento de Lélia nesse ponto pode ser reconstruído do seguinte modo:

1º PASSO

Sigmund Freud e Jacques Lacan fornecem uma nova abordagem da linguagem, que alcança características que não interessam à lógica, mas que constituem a

---

7   Citado por Gonzalez, 1988, p. 69.
8   L. Gonzalez 1984, p. 225.
9   Psicanalista francês, fundador da *École de la Cause Freudienne*, responsável pela edição do *Seminário* de Jacques Lacan para a editora *Éditions du Seuil*.
10   Citado por Gonzalez 1984, p. 225.
11   Ibid.

fenomenologia dos nossos atos de fala. A psicanálise não está interessada em depurar a linguagem de suas polissemias, de seus excessos, de seu não saber, de suas dimensões de contradição, mas em pensar como um sujeito se implica nisso. Assim, tudo se passa como se a psicanálise acolhesse aquilo que é descartado pela lógica na "lata de lixo". Gonzalez toma essa ideia do psicanalista lacaniano Jacques-Alain Miller.

2º PASSO

A autora faz uma passagem da lógica para a "lógica da dominação". Isso parece suceder do seguinte modo: na medida em que essa oposição "características lógicas da linguagem x características que não interessam à lógica" é sobreposta pela oposição entre consciência e inconsciente; na medida em que essa oposição entre consciência e inconsciente envolve uma dinâmica entre ocultar e revelar que é marcada pela defesa e pelo sintoma enquanto processos inseridos na cultura, então nós teríamos um atravessamento das questões relacionadas à dominação e ao poder (do colonizador) com aquelas que são conduzidas pela lógica para a lata de lixo, questões que necessariamente vão aparecer nos restos, nos não ditos, nos fragmentos insistentes no discurso. O racismo envolve algo de um não querer saber e isso implica assumir a incidência de relações de poder em processos inconscientes, isto é, em cadeias de pensamentos que não obedecem às regras da lógica.

Conclusão: cabe abordar, indagar a questão do racismo a partir da psicanálise.

Lélia Gonzalez assume, assim, que é com a psicanálise que se abre a possibilidade de pensar que "isso fala" e que, como ela escolhe expressar-se, reportando-se ao tema da dominação, o "lixo" fala. Para a psicanálise, quando um sujeito pensa no sentido convencional – num sentido que envolve o uso ordinário da linguagem –, ele o faz em um movimento que implica esconder de si mesmo outra coisa. E isso pode ser indicado como o cerne do conceito de inconsciente, pois, se uma defesa se instaura nas próprias condições de possibilidade do pensamento, a consequência inescapável é a de um novo tipo de cisão entre ser e aparecer. Aquilo que aparece, aquilo que é percebido por uma consciência, já responderá a uma dinâmica pulsional de dissimulação. O conteúdo representacional do inconsciente insiste em se exprimir, mas encontrará a resistência da consciência. Deverá então, aceitar uma "formação de compromisso": o fenômeno veiculará simultaneamente o desejo e sua rejeição. É isso o que está na base da expressão "afirmar esquecidamente", usada por Lélia,[12] e também no motivo pelo qual Lacan afirma que a verdade tem estrutura de ficção:[13]

---

12   Ibid., p. 235.
13   J. Lacan 1994/1995, p. 259.

ela só se manifesta em seu ocultamento. Essa é ainda a razão pela qual a autora opõe, seguindo Freud e Lacan, consciência e saber a memória, não saber, conhecimento e verdade. Para ela, a consciência é o lugar da alienação e da atualização do "discurso ideológico", ao passo que a memória, ela diz, "(...) a gente considera como o não saber que conhece, esse lugar de inscrições que restituem uma história que não foi escrita, o lugar da emergência da verdade, dessa verdade que se estrutura como ficção".[14]

Outro desdobramento desse mesmo ponto é a ideia de que a "raça negra" é objeto a,[15, 16] o que quer dizer que ela ocupa lugar central de constituição do desejo como seu resto. Lacan pensa o objeto a como causa do desejo, causa que opera de um modo específico: ocupando o lugar de algo que não pode ser reconhecido: "o funcionamento do desejo", diz Lacan "– isto é, da fantasia, da vacilação que une estreitamente o sujeito ao a, daquilo pelo qual o sujeito se descobre suspenso, identificado com esse resto a –, está sempre elidido, oculto, subjacente a qualquer relação do sujeito com tal ou qual objeto".[17] Gonzalez assume, também de uma maneira lacaniana, que esse processo é um processo da linguagem; a língua portuguesa no Brasil – que, como ela lembra, carrega forte presença do tronco linguístico banto – destaca o lugar ocupado pela mulata nas ambiguidades e inversões com o lugar da doméstica. Ela escreve, nesse sentido: "Quando se diz que o português inventou a mulata, isso nos remete exatamente ao fato de ele ter instituído a raça negra como objeto a; e mulata é crioula, ou seja, negra nascida no Brasil, não importando as construções baseadas nos diferentes tons de pele".[18]

Assim, quando Lélia afirma que "O *lugar* em que nos situamos determinará nossa interpretação sobre o duplo fenômeno do racismo e do sexismo",[19] *esse lugar é o do ponto de vista psicanalítico*, como a autora explicita com os termos "neurose" e "sintomática" na frase imediatamente seguinte: "para nós o *racismo* se constitui como a *sintomática* que caracteriza a *neurose cultural brasileira*".[20] Por isso, é importante notar que o argumento de "Racismo e sexismo..." passa o tempo todo pelas tensões e deslocamentos entre o desejo e a rejeição do desejo.

---

14 L. Gonzalez 1984, p. 226.
15 A versão deste ensaio publicada na coletânea *Pensamento feminista brasileiro: Formação e contexto* suprime o "*a*" da expressão "objeto *a*", o que altera completamente o sentido da frase, comprometendo sua compreensão.
16 L. Gonzalez 1984, p. 240.
17 J. Lacan 2004/2005, p. 260.
18 L. Gonzalez 1984, p. 240.
19 Ibid., p. 224.
20 Ibid.

É importante lembrar ainda que a tese de que o racismo é o sintoma da neurose cultural brasileira assume, de modo central, duas outras ideias freudianas: a de que a psicologia individual é também psicologia social[21] e a de que culturas podem ser neuróticas.

Na obra *O mal-estar na cultura*, Freud, a partir do que assume como semelhança entre evolução cultural e evolução individual, admite a possibilidade de diagnosticar culturas como neuróticas. Para ele, isso significa que cada comunidade, cada cultura, possui um Supereu próprio, relacionado aos ideais transmitidos entre gerações e, portanto, também, à dose de culpa que acompanha o seu não cumprimento. Não se trata apenas, para Freud, de admitir que o Supereu individual é também, em muitos sentidos, o Supereu cultural, mas, além disso, de atentar para o fato de que é mais fácil enxergar quais exigências superegoicas são mobilizadas em determinados contextos quando elas são pensadas sob uma perspectiva cultural – em vez de individual. No indivíduo, diz Freud, a agressividade do Supereu manifesta-se sob a forma de recriminações que recaem sobre o Eu, mas as exigências que subjazem a essas recriminações, e que correspondem ao "Supereu cultural", permanecem inconscientes. Por esse motivo, ele escreve, "(...) não poucas manifestações e características do Supereu podem ser mais facilmente notadas em seu comportamento na comunidade cultural do que no indivíduo".[22]

Se toda cultura exige renúncia pulsional e se tal renúncia aglutina-se nas exigências supergoicas, disso se segue que toda cultura é neurótica, ficando as possibilidades de variação, nesse caso, restritas aos graus de adoecimento produzidos e à especificidade dos sintomas que prevalecem. Apesar de Freud elaborar esse argumento, ele faz as seguintes ressalvas: 1- o raciocínio que nos permite admitir essa possibilidade é apenas um raciocínio por analogia; 2- é perigoso afastar os conceitos dos contextos em que foram gestados; 3- se o adoecimento neurótico distingue-se por referência a um padrão adotado como normalidade psíquica, onde esse critério poderia ser encontrado no caso de se caracterizar uma cultura como neurótica? Quer dizer: com o que ela seria comparada? No entanto, a despeito dessas ressalvas, é verdade que, para Freud, a neurose não pode ser senão um processo cultural em virtude de implicar o tema da moralidade e, com ele, o da renúncia pulsional, de modo que é por um mesmo processo que nascem a cultura e a neurose. Lacan fornecerá para essa ideia o nome "laço social", que, para ele, é constituído em estruturas de discursos.

---

21   S. Freud 1921/2011, p. 14.
22   S. Freud 1930/2010, p. 117.

ladinoamefricanidade

A referência à psicanálise, no ensaio que nos interessa aqui, atravessa também o fato de Lélia Gonzalez subscrever – juntamente com a intelectualidade negra da época –[23] a crítica às ideias de democracia racial, aculturação e miscigenação. O mito da democracia racial é, para a autora, uma forma de vestir, ou de encobrir, o corpo preto do rei.[24] Para entendermos melhor esse ponto, podemos recorrer um pouco a esse outro texto de Gonzalez que mencionei de passagem: "A categoria político-cultural de amefricanidade", categoria esta convocada na direção de promover a construção de uma identidade étnica transnacional e que, segundo expressão de Flávia Rios e Alex Ratts, é "capaz de abarcar a diáspora negra nas Américas".[25] Gonzalez[26] remete o termo a uma ideia da psicanalista Betty Milan desenvolvida por MD Magno, também psicanalista, em torno da expressão "Améfrica Ladina".

A amefricanidade está, para Lélia, intimamente articulada com aquela noção psicanalítica de negação. Nesse texto, "A categoria...", ela usa o termo "denegação" e o refere em alemão: *Verneinung*.[27]

A palavra "ladino" possui diversos sentidos. Pode se referir a duas línguas do ramo itálico da família indo-europeia ou à qualidade de astúcia ou de esperteza; pode ainda caracterizar uma linguagem como castiça, desprovida de estrangeirismos. Mas o sentido que acredito estar em jogo aqui de forma proeminente é colocado assim no dicionário *Houaiss*: "dizia-se do índio ou do escravo negro que já apresentava certo grau de aculturação". No dicionário *Michaelis*, o horizonte da aculturação é colocado de maneira clara: "Dizia-se do escravo ou índio que apresentava certa adaptação à cultura portuguesa". É interessante observar que o significante aqui proposto por Gonzalez a partir de Milan e Magno não pretende camuflar a lógica da dominação, que marca sua presença aí não apenas com o termo "ladina", mas também pela própria preservação desconstruída do termo "América". Não se trata de buscar um vocabulário externo à dominação, mas de torcer a linguagem a partir dela mesma; quero dizer: não se trata de buscar uma alienação relativamente

---

23 F. Rios e A. Ratts 2016.
24 L. Gonzalez 1984, p. 239.
25 F. Rios e A. Ratts 2016, p. 389.
26 L. Gonzalez 1988, p. 69.
27 E não *Verleugnung*, termo este que Freud usa, por sua vez, para se referir à recusa de uma percepção intolerável e traumática, especialmente ao que considera ser a percepção da castração na mulher, e que ele vincula aos processos de formação do fetichismo e da psicose, mas que também caracteriza como um mecanismo comum e frequente nos indivíduos de forma geral.

ao processo histórico, mas de reconhecê-lo ao mesmo tempo que se assinalam suas possibilidades transformativas.

A ladinoamefricanidade caracteriza, para Gonzalez, todos os países do continente.[28] No entanto, ela usa a oposição entre "racismo aberto" e "racismo disfarçado", ou "por denegação", para situar uma diferença crucial entre o modo como a questão se estruturou nos Estados Unidos e nos países colonizados a partir da Península Ibérica. A articulação dessa diferença converge para a defesa de que o racismo por denegação corresponde a uma "forma mais eficaz de alienação",[29] uma vez que, argumenta a autora, o racismo aberto e a segregação favoreceriam a resistência cultural ao fortalecerem a identidade racial.

Malgrado essa diferença, a categoria amefricanidade permitiria indicar a forte presença de elementos africanos e ameríndios na América Latina e isso, para Gonzalez, significa, antes de tudo, que aqui as "formações do inconsciente não são exclusivamente europeias e brancas".[30] Há assim a aposta de que o reconhecimento do compartilhamento da presença africana permitiria acenar para uma unidade histórico-geográfica, para uma identidade étnica, que não se subordinasse – no sentido das leituras políticas que podem ser feitas – nem ao paradigma cultural europeu nem ao estadunidense, que, neste caso, se articula com uma tendência imperialista, visível, para Lélia Gonzalez, no uso dos termos *"Afro-American"* e *"African-American"*, ou seja, à autoafirmação como "a América", em detrimento da amplitude do continente. Em contrapartida, a autora reivindica para o termo "amefricanidade" uma caracterização democrática. Ela escreve:

> As implicações políticas e culturais da categoria de Amefricanidade ("*Amefricanity*") são, de fato, democráticas; exatamente porque o próprio termo nos permite ultrapassar as limitações de caráter territorial, linguístico e ideológico, abrindo novas perspectivas para um entendimento mais profundo dessa parte do mundo onde ela se manifesta: *A AMÉRICA* e como um todo (Sul, Central, Norte e Insular). Para além do seu caráter puramente geográfico, a categoria de *Amefricanidade* incorpora todo um processo histórico de intensa dinâmica cultural (adaptação, resistência, reinterpretação e criação de novas formas) que

---

28   L. Gonzalez 1988, p. 76.
29   Ibid., p. 72.
30   Ibid., p. 69.

é afrocentrada (...). Em consequência, ela nos encaminha no sentido da construção de toda uma identidade étnica.[31]

Gonzalez apresenta a hipótese de que, no centro de nossa ladinoamefricanidade, está uma negação (ou denegação) do racismo. Não podemos, no entanto, ler nessa tese o risco de insinuar de algum modo a existência prévia de um desejo, qualquer que seja sua conformação, pois é um processo cultural que o constrói enquanto tal. O que quero dizer com isso é que precisamos nos perguntar por aquilo que é anterior à dinâmica entre desejar e rejeitar o desejo quando ela incide sobre a pessoa negra. Porque, evidentemente, esse estado de coisas não é inerente ao inconsciente. Algo relativo a uma "pequena diferença", como diria Freud, foi usado de modo infame, ao longo de séculos de escravização e colonização, para a construção desse lugar. Esse processo é anterior àquilo que é analisado por Gonzalez em "Racismo e sexismo..." e, conquanto sua inteligibilidade não dispense uma racionalidade psicanalítica, certamente a ultrapassa. Dizendo isso de outra forma: se a psicanálise permite dar conta de um resto, isso, evidentemente, não quer dizer que sociologia e economia não façam parte de modo decisivo da lida com o problema, aspectos que, aliás, Gonzalez desenvolveu em diversos outros textos.[32] A meu ver, é nessa direção que, em "A categoria...",[33] a autora situa o racismo como estratégia para a "internalização da 'superioridade' do colonizador pelos colonizados"[34] e procura encontrar a raiz do racismo por denegação no fato de a Ibéria ter sido conquistada pelos mouros. A presença moura, pensa Lélia, marcou profundamente as sociedades ibéricas, o que permitiria entender "(...) por que o racismo por denegação tem, na América Latina, um lugar privilegiado de expressão, na medida em que Espanha e Portugal adquiriram uma sólida experiência quanto aos processos mais eficazes de articulação das relações raciais".[35]

Com isso, Gonzalez refere-se ao fato de que, na Reconquista, mouros, e também judeus, foram alvo de um controle social violento.[36] Então, parece importante não isolar o argumento de "Racismo e sexismo..." desses outros pontos, que são trabalhados com essas outras hipóteses em "A categoria...". Pode ser interessante também lê-lo a partir de algo observado por Achille Mbembe quando ele escreve

---

31 Ibid., p. 76.
32 Alguns dos quais mencionados aqui.
33 L. Gonzalez 1988.
34 Ibid., p. 72.
35 Ibid., p. 73.
36 Ibid., p. 73.

que "a transnacionalização da condição negra é (...) um momento constitutivo da modernidade, sendo o Atlântico o seu lugar de incubação".[37] Ou seja, o lugar do negro foi construído historicamente de um modo tal que implicou o processo de colonização e a própria modernidade; ideia que permite a Mbembe sustentar que o negro não existe, que é produto do colonialismo. "O Negro", ele escreve, "(...) não existe enquanto tal. É constantemente produzido. Produzir o Negro é produzir um vínculo social de submissão e um *corpo de exploração*, isto é, um corpo inteiramente exposto à vontade de um senhor, e do qual nos esforçamos para obter o máximo de rendimento."[38] Assim, as fantasias inconscientes que incidem na construção do lugar da pessoa negra no Brasil possuem origem na violência extrema e num exercício de poder que tenta conduzir aqueles considerados outros não apenas ao lugar de subalternidade, mas ao lugar de desumanidade. Cabe destacar, então, que o recurso à psicanálise não corresponde a uma diminuição dos aportes histórico, sociológico e econômico.

mãe preta/pretuguês

Em "Racismo e sexismo...", a tese do racismo como sintomática da neurose cultural brasileira – e, portanto, a forma da amefricanidade no Brasil e o vínculo entre racismo e desejo – é explorada a partir de três figuras: a mulata, a doméstica e a mãe preta. Quero propor aqui uma discussão específica sobre a mãe preta à luz do destaque que Gonzalez lhe confere em virtude de sustentar que é ela "quem vai dar uma rasteira na raça dominante",[39] notadamente porque transmite o "pretuguês", que é o termo com o qual a autora nomeia o português africanizado. Em outro texto, chamado "A mulher negra na sociedade brasileira", Lélia escreve que a Mãe Preta e o Pai João, ao transmitirem "para o brasileiro 'branco' as categorias das culturas africanas de que eram representantes",[40] fazem parte de um "romance familiar"[41] constitutivo dos valores e crenças do povo brasileiro, destacando que "(...) coube à mãe preta (...)

---

37 A. Mbembe 2013/ 2017, p. 34.
38 Ibid., p. 40.
39 L. Gonzalez 1984, p. 253.
40 Gonzalez citada por F. Rios e A. Ratts 2016, p. 391.
41 Expressão oriunda da teoria psicanalítica, à qual retornarei adiante.

a africanização do português falado no Brasil (o pretuguês como dizem os africanos lusófonos) e, consequentemente, a própria africanização da cultura brasileira".[42]

Operam aqui, como vemos, duas ideias: 1- a de que a língua é um veículo privilegiado da transformação cultural; e 2- a de que a mãe preta executa essa transformação de um modo que pode ser não reconhecido.

Esse não reconhecimento remete diretamente ao tema do ocultamento da figura da babá na constituição subjetiva da criança, tema que, como mostra Mariza Corrêa (2007), transcende, na teoria psicanalítica, a situação brasileira e recebe a seguinte formulação de Jim Swan: "O que precisa ser explicado é como a teoria do complexo de Édipo dá conta dos impulsos culpados em relação à mãe, mas ignora o despertar erótico do menino pelas mãos de sua babá, particularmente levando-se em conta que sua babá obtém de Freud uma atenção muito maior do que sua mãe".[43] Para Swan, segundo Corrêa, Freud teria tido de fato duas mães.

É, então, intrigante o fato de que a babá, tão presente na autoanálise de Freud, simplesmente desapareça na teorização do complexo de Édipo. Anne McClintock, em *Couro imperial: Raça, gênero e sexualidade no embate colonial*,[44] explora essa questão que comparece no no livro, por exemplo, nos seguintes termos:

> Entre a *memória* de Freud e sua *teoria* (...) acontece uma conversão. Ao registrar suas memórias de infância, Freud atribui à babá um papel poderoso como agente sexual, mas quando elabora sua teoria do Édipo alguns dias depois, ele não só bane de cena a "primeira originadora" [expressão empregada por Freud em carta a Fliess], mas substitui sua memória da impotência sexual (*falta* de capacidade sexual com a *babá*) pela teoria da agressão sexual (*excesso* de capacidade sexual com a *mãe*).[45]

McClintock defende que o apagamento da figura da babá vitoriana – que ocupava o limiar entre o privado e o público – pode ser tomado como um ponto de convergência de relações recônditas entre psicanálise e história social,[46] sendo capaz de revelar o quanto o desdobramento da mulher, sob o critério da sexualidade, em putas

---

42 Gonzalez citada por F. Rios e A. Ratts 2016, p. 391.
43 Jim Swan citado por M. Corrêa 2007, p. 70.
44 A. McClintock 1995/2010.
45 Ibid., p. 142.
46 Ibid., p. 124.

e madonas tem raízes "na estrutura de classes do lar".[47] A autora mostra como, para o próprio Freud – entre seus sonhos e suas construções teóricas –, a ambiguidade mãe/babá era insolúvel, respondendo à divisão doméstica entre a mãe de classe média e a mãe assalariada.[48] Reconhecer o poder da babá como agente social – e não mais apenas como substituta da mãe no romance familiar – teria exigido de Freud uma elaboração distinta do complexo de Édipo que alcançaria uma outra disposição dos elementos masculino e feminino, pois o ocultamento da babá desdobra-se na atribuição, em separado, do poder da punição social ao pai e do poder de suscitar o desejo sexual à mãe. "O duplo vínculo histórico da classe", escreve McClintock, "é assim dividido e deslocado para o pai e para a mãe como função universal do *gênero*."[49]

A questão reverberaria significativamente na articulação da autoridade paterna, pois admitir o papel desempenhado pela babá permitiria situar a relação da criança com a sexualidade em um contexto de variabilidade histórica e econômica, o que, por si só, descortinaria o caráter construído do poder do pai e impediria que o Édipo burguês tivesse sido alçado, como o foi por Freud, à condição de algo herdado.[50] Assim, com a teoria do complexo de Édipo, argumenta McClintock, "(...) a multiplicidade das economias familiares é reduzida a uma economia única, naturalizada e privatizada como a unidade universal da família monogâmica do homem, um 'esquema hereditário' que transcende a história e a cultura".[51]

Essas observações nos permitem sinalizar que essa questão articulada por Gonzalez em torno da mãe preta já estava *presente como ausência* no pensamento de Freud com uma série de implicações interseccionais – isto é, em torno de classe, gênero e raça, como o mostra McClintock.

Percebemos, então, uma repetição do tema, um retorno do recalcado, que no Brasil se cristaliza em torno de mulheres negras. Rafael Alves Lima, no artigo *Édipo negro*, propõe a seguinte versão para o problema:

> como pôde o campo psicanalítico no Brasil desenvolver um discurso tão abundante e rigoroso sobre a maternidade, pautado nas teorizações anglo-saxônicas, a despeito da percepção de que o exercício real e concreto da maternidade é objetivamente desempenhado por

---

47 Ibid., p. 140.
48 Ibid., p. 145.
49 Ibid.
50 Conferir o capítulo 3.
51 A. McClintock 1995/2010, p. 150.

babás geralmente negras nos lares das classes médias e altas, ou entre famílias de camadas sociais minimamente distintas?[52]

Ora, como alega McClintock, o espanto deve ser retroagido para o próprio Freud e o problema parece exigir alguma reelaboração do próprio conceito de complexo de Édipo.

Rita Segato, em *Édipo brasileiro*,[53] preocupada com o não reconhecimento, no campo da antropologia, da duplicação da maternidade no Brasil entre mãe e babá, e movimentando-se no contexto de concepções lacanianas, salienta o vínculo entre racismo e misoginia em um sentido que necessariamente se contrapõe à ideia de democracia racial. Ela escreve, referindo-se aqui aos laços de leite em contraposição aos laços de sangue: "a perda do corpo materno, ou castração simbólica no sentido lacaniano, vincula definitivamente a relação materna com a relação racial, a negação da mãe com a negação da raça e as dificuldades de sua inscrição simbólica".[54] Para Segato, isso significa que maternidade e racialidade tornam-se reciprocamente comprometidas, de modo que racismo e misoginia encontram-se, então, "entrelaçados", o que denuncia a ideia da "plurirracialidade harmônica" como uma ilusão romantizada.

Segato, que, tal como McClintock, sublinha o vínculo entre racismo e discurso modernizador,[55] serve-se da expressão "maternidade transferida", de Suely Gomes Costa, para pontuar o trajeto histórico amas de leite/amas-secas/babás. A autora mostra como o deslocamento ama de leite/ama seca resultou, no século xix, de concepções higienistas que questionavam a origem das mulheres levadas para o espaço doméstico alheio, concepções veiculadas sobretudo na imprensa e pelas práticas médicas. A prevalência do higienismo fornece, segundo Rita Segato, uma ocasião de intensa expressão de ódio contra mulheres negras.[56] Porém, diante da inexistência de políticas públicas para o cuidado das crianças, a propaganda não produz como resultado a eliminação das amas de leite das famílias com acesso a algum recurso financeiro, mas à sua substituição por amas-secas.

O lugar da mãe preta é preservado e, com ele, diz Segato numa argumentação próxima à de Gonzalez, é também preservada a transmissão da negritude para crianças brancas que, tendo recebido cuidados maternos de uma mulher negra, irá se apropriar constitutivamente de sua imagem: "Uma criança branca, portanto", escreve

---

52 R. Lima 2019, p. 29.
53 R. Segato 2006.
54 Ibid., p. 16.
55 Ibid., p. 15.
56 Ibid.,, p. 5.

a autora, "será também negra, por impregnação da origem fusional com um corpo materno percebido como parte do território próprio (...)".[57] Essa transmissão é, no entanto, para Segato, diferentemente de Gonzalez, o lugar de algo mais fundamental do que a negação. A autora busca no termo lacaniano "foraclusão" a forma de nomear isso. A foraclusão, mecanismo que Lacan atribui à gênese da psicose, é mais radical do que o recalque porque equivale a uma não inscrição simbólica, inscrição que o recalque teria como condição prévia; nos termos de Segato, a foraclusão é "uma ausência que, contudo, determina uma entrada defeituosa no simbólico ou, dito em outras palavras, a lealdade a um simbólico inadequado que virá certamente à falência com a irrupção do real, quer dizer, de tudo aquilo que não é capaz de conter e organizar".[58] Teríamos, com relação à mãe preta, uma foraclusão que alcança a historiografia e estudos congêneres, de modo que nada se quer saber a respeito disso; foraclusão que a autora contrapõe expressamente aos conceitos psicanalíticos de negação e de recalque. Por esse motivo, ela escreve:

> O fato de que a mãe se encontra impregnada por esta genealogia, que vai do seio escravo do passado ao colo alugado de hoje, faz com que essa perda não possa ser somente rasurada no discurso como recalque. A supressão deve ser nada mais e nada menos que desconhecimento.[59]

O que Segato quer dizer, afinal, com isso é que a resistência à inserção social de pessoas negras estaria relacionada à "impossibilidade fundante de instalar a negritude da mãe no discurso"[60] e que a violência racista está inscrita na própria constituição da subjetividade de diversos brasileiros,[61] de modo que a necessidade de afastamento da mãe ganha modulações incisivas no repúdio da mulher negra. Assim, pensa Segato, apesar de o racista poder admitir seu amor pela mãe preta, não admite sua condição subjetiva de negra, pois isso estaria aquém da possibilidade de simbolização:

> O racista certamente amou e – por que não? – ainda ama a sua babá escura. Somente não pode reconhecê-la na sua racialidade, e nas consequências que essa racialidade lhe impõe enquanto sujeito. (...)

---

57 Ibid., p. 15.
58 Ibid., p. 18.
59 Ibid., p. 17.
60 Ibid., p. 18.
61 Ibid.

> Estamos falando do que não se pode nomear, nem como próprio nem como alheio.[62]

Outra consequência que a autora retira disso é a ideia de que a "mãe cívica"[63] terá que desempenhar a função paterna, sendo esta pensada na teoria lacaniana do Édipo, a partir da expressão "Nome-do-pai", como o exercício da separação da criança em relação à mãe e como o operador de sua entrada na cultura. A mãe legítima, conclui Segato, "(...) ao negar o investimento materno por parte da babá substituindo a clave do afeto pela clave do contrato (...) fica igualmente aprisionada numa lógica masculina e misógina, que retira da mãe-babá sua condição humana e a transforma em objeto de compra e venda".[64]

Do lado da mãe preta, Segato também enxerga a divisão, pois o amor que ela dirige à criança não poderá não ser marcado pelo fato de que essa situação lhe foi imposta a um custo vital, seja por referência à escravidão, seja por referência à pobreza. Como diz Luiz Felipe D'Alencastro, citado por Rita Segato, trata-se de "uma união fundada no amor presente e na violência pregressa. Na violência que fendeu a alma da escrava, abrindo o espaço afetivo que está sendo invadido pelo filho de seu senhor".[65]

Segato destaca a carência, em virtude do racismo acadêmico, de estudos sobre a figura da "criadeira", pontuando a direção psíquica em que situa seu interesse: "A baixíssima atenção a ela dispensada na literatura especializada produzida no Brasil destoa com a enorme abrangência e profundidade histórica desta prática e o seu forçoso impacto na psique nacional".[66] Como observa Rafael Lima,[67] embora Segato não cite Gonzalez, esta já havia antecipado a reflexão sobre o Édipo negro. De todo modo, com relação a isso, temos duas hipóteses distintas, uma elaborada com o conceito de negação e outra com o conceito de foraclusão, e talvez tenhamos mais elementos em favor da primeira porque, de fato, a negritude da cultura brasileira é constantemente afirmada sob a condição de ser negada e porque não vemos aquilo que supostamente foi foracluído retornar no real como alucinação, o que seria, para Lacan, resultado necessário do processo de foraclusão.

No argumento de Segato, tudo se passa como se, em torno da babá, se produzisse um repúdio ainda mais profundo do que aquele que se organiza em torno da

---

62 Ibid.
63 Expressão de Margareth Rago.
64 R. Segato 2006, p. 18.
65 Luiz Felipe D'Alencastro citado por Segato 2006, p. 14.
66 R. Segato 2006, p. 5.
67 R. Lima 2019, p. 29.

mãe. Mas não é exatamente nessa direção que Lélia Gonzalez encaminha seu raciocínio porque, para ela, a mãe preta *é a mãe*; enquanto que, para Segato,[68] a mãe se desdobra em uma mãe cívica e uma mãe de criação, embora ela caracterize a mãe cívica como "mãe outra".[69] Lima evidencia esse ponto: "A diferença entre as duas reside no fato de que para Gonzalez não há disjunção da maternidade (...), enquanto que para Segato a desagregação entre mãe legítima e mãe de criação é fundamental para a formulação do Édipo Negro".[70]

A proposta de Gonzalez com relação a isso é, portanto, como anota Lima, mais radical. E essa radicalidade é situada em "Racismo e sexismo..." à luz do problema dos motivos da identificação do dominado com o dominador, que se expressa no Brasil no mito da democracia racial.

Como vimos, Gonzalez apresenta a ideia de que a mãe preta formou filhos que a negam, mas que, não obstante, carregam consigo as marcas da língua originariamente materna, o "pretuguês". Em artigo publicado na *Folha de São Paulo*, citado por Rios e Ratts, Gonzalez afirma que "a mãe preta desenvolveu suas formas de resistência"[71] e, em "Racismo e sexismo...", vemos que essa resistência é reconhecida na transmissão do "pretuguês", do português africanizado. Lélia afirma, no final de seu ensaio, que o negro venceu "a batalha discursiva",[72] uma vez que, não apenas com a língua, não permite o apagamento das raízes africanas de nossa cultura. Trata-se, portanto, de uma resistência cultural. Segundo Rios e Ratts, a localização das estórias da mãe preta no contexto de um pensamento preocupado simultaneamente com compreensão e transformação, poderia "(...) sugerir uma verdadeira revolução silenciosa metaforicamente apresentada por Gonzalez: o subalterno como sujeito que promovia alterações na linguagem e na cultura daquilo que veio a se chamar Brasil.[73] Para Rios e Ratts, isso significa tanto que Gonzalez se distancia de uma ideia de vitimização quanto que "(...) a grande transformação poderia ser feita no âmbito cultural".[74]

A neurose cultural brasileira, como qualquer neurose, carrega um caráter paradoxal, e o ensaio de Lélia suscita diretamente, em especial pela via da temática do

---

68 E também para Corrêa (2007).
69 R. Segato 2006, p. 18.
70 R. Lima 2019, p. 34.
71 Gonzalez citada por F. Rios e A. Ratts 2016, p. 392.
72 L. Gonzalez 1984, p. 241.
73 F. Rios e A. Ratts 2016, p. 391.
74 Ibid.

pretuguês, a questão a respeito de que ações se tornam possíveis a partir do gesto de perceber o racismo como implicado em processos de neurose e fantasia.

É claro que se impõe aqui o valor da tarefa crítica. Porém, a crítica – assim como a teoria psicanalítica – é feita com a linguagem de vigília, isto é, com argumentos e justificativas que obedecem a critérios lógicos. Numa elaboração direcionada à categoria de amefricanidade – e não, nesse momento, ao "pretuguês" –, Pedro Ambra toca em algo relacionado a esse ponto; o autor afirma que "a vantagem de insistir, como Gonzalez, numa universalização da amefricanidade é poder fazer a verdade denegada falar por todos os poros sociais, internalizando a contradição ao invés de projetá-la no outro".[75] O autor está preocupado aqui com a possibilidade de certos impasses incidirem em políticas identitárias, que, a seu ver, ao fortalecerem a própria noção de identidade, precisariam ficar advertidas contra o risco de antagonizar exageradamente com o outro; e não deixa de evidenciar sua concordância com o fato de a questão precisar ser pensada, antes, como esclarece Djamila Ribeiro, à luz da necessidade de "desvelar o uso que as instituições fazem das identidades para oprimir ou privilegiar".[76] Mas um dos problemas que aparecem aqui é que internalizar contradições não parece consistir num gesto suficiente para dar conta da ação política que precisa levá-las em consideração.

Isso reverbera em outro ponto, que também está relacionado ao texto de Ambra e que é a concepção de fala. O autor discorda da leitura que Ribeiro faz de Gonzalez na medida em que seu pensamento é inserido, de certa maneira, na gênese da noção contemporânea de lugar de fala. Pois esta noção acentuaria a articulação da fala ao eu e à consciência, enquanto que, em "Racismo e sexismo...", a fala seria pensada, psicanaliticamente, como algo marcado por deslizes e emergências inconscientes que fazem parte da construção constante e retroativa do lugar de enunciação. Assim, diferentemente do que sustenta Ribeiro, as impossibilidades teóricas com que Gonzalez se defronta seriam, segundo Ambra, aquelas que circunscrevem um resto próprio a ser abordado pela psicanálise, e não diriam respeito a limitações que seriam inerentes a modelos europeus em função de injunções etnocêntricas ou patriarcais. O autor escreve:

> Ao contrário do que Ribeiro dá a entender, o impasse não é construído pelos limites que uma teoria europeia impõe a análises e problemas interseccionais, que precisariam de um novo *standpoint* para serem

---

75   P. Ambra 2020, p. 99.
76   D. Ribeiro 2017/2019.

analisados e criticados. Observa-se, antes, o contrário: são as contradições e inquietudes presentes nas figuras da mulata, da doméstica e da mãe preta que conduziram aquela mulher negra à psicanálise enquanto suporte epistemológico.[77]

Essa leitura parece conter uma dimensão de sentido com relação ao argumento de "Racismo e sexismo..." e retira consequências importantes da presença da psicanálise nele. Mas ela parece também encontrar limites, se não nos restringirmos a esse texto e atentamos para outros ensaios de Gonzalez. Em "A importância da organização da mulher negra no processo de transformação social",[78] fica claro que a autora de fato se contrapõe a certos feminismos pelo fato de serem ocidentais e brancos e por não mobilizarem reflexões a respeito da questão racial. Poderíamos dizer que se trata aí de outro tipo de resto – embora não desvinculado daquele abordável com a psicanálise –, ao qual Gonzalez esteve também muito atenta.

Em "Racismo e sexismo...", no que concerne às concepções de linguagem, língua e fala, elas são diretamente reportadas a observações de Miller. Aqui, precisamos retomar as seguintes palavras desse psicanalista citadas por Gonzalez: "Dizer mais do que sabe, não saber o que diz, dizer outra coisa que não o que se diz, falar para não dizer nada, não são mais, no campo freudiano, os defeitos da língua que justificam a criação das línguas formais".[79] Para Ambra, essas caracterizações constituem a "única positividade possível da fala".[80] Eu pensaria, em outra direção, que, quando Miller, ainda citado por Lélia, diz que "estas são propriedades inelimináveis e positivas do ato de falar",[81] ele não está dizendo – pelo menos não apenas a partir daí – que elas são as únicas propriedades. Se Gonzalez estivesse assumindo, ao acompanhar Miller, que a única positividade da fala seria falar para não dizer nada, seu texto possivelmente estaria condenado a sucumbir aos limites de um gesto autodestrutivo, o que nos impediria, afinal, de sequer formular a questão a respeito da agência política. Mas não é isso o que acontece. A fala de Gonzalez propõe argumentos e teses cujas justificativas são fornecidas por ela. Isso quer dizer que seu texto não é construído, por exemplo, como um processo onírico ou como qualquer outra formação do inconsciente, e que precisariam ser revistos os termos nos quais tanto ela quanto a letra de Freud e a de Lacan amarram consciência de maneira muito restrita à ilusão. Pois a

---

77   P. Ambra 2020, p. 95.
78   L. Gonzalez 1988/2018.
79   J.-A. Miller citado por L. Gonzalez 1984, p. 225.
80   P. Ambra 2020, p. 97.
81   J.-A. Miller citado por L. Gonzalez 1984, p. 225.

admissão de que a ilusão incide na consciência não elimina a necessidade política e também epistemológica do uso público da argumentação. Se, por um lado, o lugar epistemológico do qual parte Gonzalez em "Racismo e sexismo..." implica efetivamente, como defende Ambra, a incidência da ilusão e da divisão subjetiva na fala, de modo que, do "lugar de fala" não decorre a consciência do sujeito a respeito desse lugar;[82] por outro lado, a autora não elimina a questão da identidade, porque marca o fato de que fala "enquanto mulher negra".[83] Como argumenta Raquel Barreto, Lélia "(...) e outros intelectuais negros da mesma geração estavam comprometidos na formulação de um projeto epistêmico em que o negro brasileiro fosse o sujeito do conhecimento, referenciado em sua própria singularidade, história e cultura".[84] É por isso que lemos estas frases fundamentais no texto de 1984:[85]

> E o risco que assumimos aqui é o do ato de falar com todas as implicações. Exatamente porque temos sido falados, infantilizados (*infans* é aquele que não tem fala própria, é a criança que se fala na terceira pessoa, porque falada pelos adultos), que neste trabalho assumimos nossa própria fala.[86]

Essa identidade refere-se a um processo que, além de ser linguístico, é histórico e político, características que não parecem exigir nenhum tipo de referência a essências subjetivas.

O tema da mãe preta vincula-se ainda àquilo que chamamos hoje de interseccionalidade, que, de um ponto de vista conceitual – e não terminológico –, era já central no pensamento de Lélia Gonzalez. Rios e Ratts, com efeito, observam que Lélia "(...) antecipou algumas abordagens que posteriormente se denominaram de interseccionais. Observamos isso quando ela associa o racismo, o sexismo e a exploração capitalista e quando articula as identidades de raça, gênero (este tratado à época como sexo) e classe".[87]

Há aqui a constatação de cruzamentos significativos entre opressão racista e opressão sexista que talvez pudesse retroagir sobre o modo como Gonzalez mobiliza

---

82   Ponto observado por D. Ribeiro, por exemplo, quando ela escreve que "O lugar social não determina uma consciência discursiva sobre esse lugar" (2017/2019, p. 69).
83   L. Gonzalez 1984, p. 225.
84   R. Barreto 2019.
85   Que D. Ribeiro reproduz na epígrafe de *Lugar de fala*.
86   L. Gonzalez 1984, p. 225.
87   F. Rios e A. Ratts 2016, p. 389.

a teoria psicanalítica. Porque o uso que ela faz de noções como Nome-do-pai pode ser localizado como algo vinculado a alguns compromissos da psicanálise com o patriarcado, na medida em que reproduzem a equivalência entre cultura e masculinidade.[88]

Como vimos, Gonzalez justifica cautelosamente o fato de buscar na psicanálise um suporte epistemológico para abordar certos aspectos do racismo na cultura brasileira. No entanto, apesar desse potencial da teoria psicanalítica, é crucial reconhecer que há toda uma carga de sexismo nos modelos psicanalíticos correntes do complexo de Édipo.

Lacan estruturalizou o Édipo substituindo pai e mãe biológicos por função paterna e função materna, mas manteve nisso a premissa de que cabe à função paterna promover a entrada da criança na cultura porque apenas algo relacionado ao masculino e à ideia de pai possuiria a capacidade de operar a separação afetiva da mãe em relação a seu bebê. É isso o que Lacan articula em torno da noção de Nome-do-pai. Ele consiste num significante que responde pela inscrição da lei simbólica e sua ausência[89] é pensada, pelo psicanalista, como algo decisivo na causação da psicose. É nessa direção que Lacan afirma, por exemplo: "Vocês precisam compreender a importância da falta desse significante especial (...), o Nome-do-Pai, no que ele funda como tal o fato de existir a lei, ou seja, a articulação numa certa ordem do significante – complexo de Édipo, ou lei do Édipo, ou lei de proibição da mãe".[90]

Ora, esse viés de raciocínio acarreta, como observa McClintock, que "às mulheres é negada a atuação social: somos vistas como desprovidas de motivação para desmamar ou impedir o incesto, sem interesse social em levar as crianças à separação, sem papel na ajuda a eles para negociarem a intricada dinâmica da interdependência (...)".[91] Como vimos, ainda que de passagem, com esta autora, a teoria freudiana do complexo Édipo – em aspectos que são preservados por Lacan – possui uma dívida com o apagamento do papel desempenhado pela babá na origem do desenvolvimento psicossexual da criança de classe média; no lugar da babá, "(...) Freud recoloca a mãe como objeto do desejo e o pai como sujeito do poder social e econômico e, assim, violentamente fecha a porta do romance familiar para esse intrusivo e inadmissivelmente poderoso membro da classe trabalhadora feminina".[92]

Gonzalez afirma que é graças à mãe que entramos na ordem da cultura (no caso do fenômeno que ela está analisando, graças à mãe preta) "exatamente porque é

---

[88] Conferir os capítulos 7 e 8.
[89] Trata-se da foraclusão, mencionada acima.
[90] J. Lacan, 1998/1999, p. 153.
[91] A. McClintock 1995/2010, p. 295.
[92] Ibid., p. 152.

ela quem nomeia o pai".[93] Diz ainda que a função paterna "é muito mais questão de assumir do que de ter certeza".[94]

Quando Freud discorre sobre o necessário processo de afastamento da criança com relação aos pais, ele atribui a isso dois estágios: um estágio inicial em que a crítica a ambos os genitores, articulada com a sensação de ser preterida, aparece sob a forma da ideia de que outros genitores seriam preferíveis; e um segundo estágio, que Freud nomeia "romance familiar dos neuróticos", equivalente ao exercício de uma atividade imaginativa que se expressa nas brincadeiras e nos devaneios. Esse segundo estágio também possui, para Freud, um desdobramento, pois inicialmente as fantasias substituem ambos os pais "(...) por outros, normalmente de posição social mais elevada",[95] enquanto que, num segundo momento, a criança, "compreendendo" o "fato sexual" de que a ocorrência de aquela mulher ser sua mãe não pode ser posta em dúvida, restringe suas fantasias de substituição ao pai. Freud escreve, então, que, a partir do momento em que a criança passa a conseguir perceber que pai e mãe desempenham funções sexuais distintas, ela "compreende que *pater semper incertus est*, enquanto a mãe é *certissima*, o romance familiar experimenta uma restrição peculiar: contenta-se em elevar o pai, já não põe em dúvida a origem pelo lado da mãe, que não pode ser alterada".[96]

É a isso, tudo indica, que Lélia Gonzalez está se referindo quando diz que a função paterna "é muito mais questão de assumir do que de ter certeza".[97] Mas há muitas coisas implicadas nessa premissa e uma delas é que ser mãe equivale a dar à luz uma criança. E, se a psicanálise lacaniana reivindica, mais ainda do que a freudiana, ter se afastado de determinações biológicas, com esse tipo de ideia parece assumir-se que o sentido de ser mãe equivale ao fato de se gerar e parir um bebê, enquanto que, de outro lado, temos na psicanálise a forte presença da ideia de que o lugar materno exige o desenvolvimento do desejo pelo filho ou filha, que pode partir de processos naturais, mas que não parecem se reduzir a eles.[98]

A teoria psicanalítica possui toda uma potência de desnaturalização da subjetividade da qual a argumentação talvez regrida ao assumir algumas formulações articuladas ao pensamento sobre o complexo de Édipo. A teoria do Édipo com a qual Gonzalez opera – como quase sempre na teoria psicanalítica – adota uma

---

93   L. Gonzalez 1984, p. 236.
94   Ibid.
95   S. Freud, 1909/2015, p. 422.
96   Ibid.
97   L. Gonzalez 1984, p. 236.
98   A. Martins 2020.

equivalência entre simbólico e masculinidade, equivalência que parece ser central em sistemas sociais patriarcais, alimentando um longevo desalojamento das mulheres com relação ao espaço público.[99] E isso parece gerar uma tensão significativa com o movimento de seu ensaio. De uma maneira interna à própria argumentação de "Racismo e sexismo...", isso significa perguntar também: que certeza estaria envolvida na maternidade da mãe preta? Pois, como vimos, para Gonzalez, a mãe preta é que é a mãe. Mas isso, é claro, de um modo que foi *assumido*, e não dado de saída pelo processo natural do nascimento do bebê. Não é, afinal, a referência à função de prestar os cuidados maternos o que permite à autora supor a maternidade na mãe preta? A pergunta fundamental aqui se coloca, no entanto, aquém dessas observações e poderia, talvez, ser formulada assim: em que sentido o ato de assumir algo se distingue da certeza quando estamos nos referindo ao cenário do desejo e da fantasia?

questões com lélia gonzalez

Esses desdobramentos são apenas alguns entre tantos outros que podem ser conduzidos a partir da leitura de "Racismo e sexismo...", este ensaio inesgotável de Lélia Gonzalez. Sua riqueza e sua tese central favorecem não apenas a compreensão de processos constitutivos de nossa forma de vida social, mas também a abertura sempre renovada de debates importantes que atravessam a interlocução da psicanálise com a história, com a filosofia, a política de modo geral e, especificamente, com o feminismo. O objetivo deste capítulo foi contextualizar essa tese com relação aos elementos da teoria psicanalítica que a autora mobiliza e ao conceito de ladinoamefricanidade, destacando, a partir daí, a reflexão de Gonzalez a respeito da mãe preta, os laços desse tópico com o apagamento da figura da babá no pensamento de Freud e algumas das questões fundamentais que esse tema enseja. Procurei mostrar, assim, o modo como esse ensaio de Lélia Gonzalez nos permite, nesse contexto e com os elementos trazidos aqui, avançar as seguintes perguntas: Qual a importância de reconhecer a ausência da figura da babá na formulação freudiana do complexo de Édipo? Como essa ausência se conecta com a reflexão gonzaleana sobre a mãe preta? Seria necessário, tendo em vista a realização da tarefa da crítica, estipular um limite para a sobreposição entre consciência e ilusão tal como subscrita pela teoria psicanalítica? A

---

99 Conferir capítulos 1, 7 e 8.

possibilidade de certa crítica ao modelo freudo-lacaniano do Édipo possuiria a capacidade de retroagir sobre os argumentos de Lélia Gonzalez relacionados ao vínculo entre maternidade e certeza, de um lado, e, de outro, ao vínculo entre paternidade e a função de possibilitar à criança sua entrada na cultura?

> bibliografia <

AGOSTINHO. *A Cidade de Deus: contra os pagãos*. Parte ii (Livros xi a xxii), trad. bras. Oscar Paes Leme. Petrópolis: Vozes, 2002.

AMBRA, Pedro. (2015) *O que é um homem? Psicanálise e história da masculinidade no Ocidente*. São Paulo: Annablume.

AMBRA, Pedro. (2020) O lugar e a fala: a psicanálise - contra o racismo em Lélia Gonzalez, *SIG – Revista de psicanálise*. Porto Alegre, v. 14, pp. 85-101. Disponível em: http://sig.org.br/bkp/wp-content/uploads/2020/05/Edicao14-Completa.pdf. Acesso em: 01 abr. 2020.

ANDRÉ, Jacques. (2000) O privilégio: as duas teorias freudianas do originário social, *Psicologia em estudo*, Maringá, v. 5, n. 1, pp. 1-34. Disponível em: <http://www.scielo.br/scielo.php?script=sci_arttext&pid=S1413-73722000000100002&lng=en&nrm=iso>. Acesso em: 18 jul. 2016.

ARÁN, Márcia. (2009) A psicanálise e o dispositivo diferença sexual, *Revista Estudos Feministas*, Florianópolis, v. 17, n. 3, pp. 653-673. Disponível em: http://www.scielo.br/scielo.php?script=sci_arttext&pid=S0104-026X2009000300002&lng=en&nrm=iso. Acesso em: 17 jul. 2016.

ARP, Kristana. (1995) "Beauvoir's concept of bodily alienation" in: SIMONS, M. *Feminist interpretations of Simone de Beauvoir*. Pennsylvania: The Pennsylvania State University Press.

BAAS, Bernard. (2001) Freud, a realidade psíquica e a tentação do transcendental, *Ágora*, Rio de Janeiro, v. 4, n. 2, pp. 9-23.

BARRETO, Raquel. (2019) O racismo sob o olho crítico de Lélia Gonzalez, *Pernambuco – Suplemento cultural do Diário Oficial do Estado* [on-line]. Disponível em: https://www.suplementopernambuco.com.br/artigos/2230-o-racismo-sob-olho-cr%C3%ADtico-de-l%C3%A9lia-gonz%C3%A1lez.html. Acesso em: 02 fev. 2020.

BASTONE, Petra. (2019) *A teoria da sexualidade feminina em Sigmund Freud e a crítica da supervalorização do homem em Simone de Beauvoir*. Dissertação (Mestrado em Psicologia) – Programa de Pós-graduação em Psicologia da UFSJ.

BEAUVOIR, Simone de. (1949) *O segundo sexo: Fatos e mitos*, v. 1, trad. bras. Sérgio Milliet. Rio de Janeiro: Nova Fronteira, 2016.

BENVENISTE, Émile. (1970) "O aparelho formal da enunciação" in: *Problemas de linguística geral II*, trad. bras. M. A. Escobar. Campinas, SP: Pontes Editores, 2006.

BIRMAN, Joel. (2001) *Gramáticas do erotismo: a feminilidade e as suas formas de subjetivação em psicanálise*. Rio de Janeiro: Civilização Brasileira.

BIRMAN, Joel. (2006). Genealogia do feminino e da paternidade em psicanálise, *Natureza humana*, São Paulo, v. 8, n. 1, pp. 163-180. Disponível em <http://pepsic.bvsalud.org/scielo.php?script=sci_arttext&pid=S1517-24302006000100005&lng=pt&nrm=iso> Acesso em: 17 jul. 2016.

BIROLI, Flávia. (2013) Autonomia, opressão e identidades: a ressignificação da experiência a ressignificação da experiência na teoria política feminista, *Revista Estudos Feministas* [on-line], v. 21, n. 1, pp. 81-105.

BRAUNSTEIN, Néstor. (2003) "Desejo e gozo nos ensinamentos de Lacan" in: RABATÉ, Jean-Michel. *Lacan*, trad. bras. L. Lim. São Paulo: Ideias Letras, 2022.

BRENNAN, Teresa. (1998) "Psychoanalytic feminism" in: JAGGAR, Alison M. e YOUNG, Iris M. *A companion to feminist philosophy*. Blackwell.

BROUSSE, Marie-Helène. (2013) "Em Miami, ou o sintoma como sex-symbol", A diretoria na rede, Boletim da Escola Brasileira de Psicanálise. Disponível em: < http://www.ebp.org.br/dr/destaques/ecos_de_miami004.asp>. Acesso em: 15 jul. 2016.

BUTLER, Judith (1990) *Problemas de gênero: feminismo e subversão da identidade*, trad. bras. Renato Aguiar. Rio de Janeiro: Civilização Brasileira, 2016.

CALLIGARIS, Contardo. (2015) "Primeiro assédio", *Folha de São Paulo*, São Paulo, 12 de nov. de 2015. Disponível em: http://www1.folha.uol.com.br/colunas/contardocalligaris/2015/11/1705026-primeiro-assedio.shtml. Acesso em: 18 jul. 2016.

CORNELL, Drucila e THURSCHWELL, Adam. (1987) "Feminismo, negatividade, intersubjetividade" in: BENHABIB, S. & CORNELL, D. (orgs.), *Feminismo como crítica da modernidade*, trad. bras. N. da C. Caixeiro. Rio de Janeiro: Editora Rosa dos tempos.

CORRÊA, Fernanda. (2015) *Filogênese na metapsicologia freudiana*. Campinas: Editora Unicamp.

CORRÊA, Mariza. (2007) "A babá de Freud e outras babás", *Cadernos Pagu* [on-line], Campinas, n. 29, pp. 61-90. Disponível em: http://www.scielo.br/scielo.php?script=sci_arttext&pid=S0104-83332007000200004&lng=en&nrm=iso&tlng=pt. Acesso em: 16 ago. 2019.

COSSI, Rafael. (2020) "Sequelas patriarcalistas em Freud segundo Luce Irigaray: sexualidade feminina e diferença sexual" in: MARTINS, A. e SILVEIRA, L. (Orgs.), *Freud e o patriarcado*. São Paulo: Hedra/Fapesp, 2020.

CUNHA, João; SILVEIRA, Léa. (2017) "Revolução científica e condições de possibilidade da psicanálise: Sobre a presença de Husserl em 'A ciência e a verdade'", *Ética e filosofia política*, v. I, pp. 69-87.

FEDERICI, Silvia. (20014) *Calibã e a bruxa: mulheres, corpo e acumulação primitiva*, trad. bras. Coletivo Sycorax. São Paulo: Elefante, 2017.

FRASER, Nancy. (1985) "O que é crítico na teoria crítica? O argumento de Habermas e o gênero" in: BENHABIB, S. e CORNELL, D. (orgs.) *Feminismo como crítica da modernidade*, trad. bras. N. da C. Caixeiro. Rio de Janeiro: Editora Rosa dos Tempos, 1987.

_____. (2013) "Contra o 'simbolicismo': Usos e abusos do 'lacanismo' para políticas feministas", *Lacuna: Uma revista de psicanálise*, trad. bras. P. Ambra. São Paulo, n. -4, p. 9, 2017.

FREGE, Gottlob. (1897) "Logic" in: BEANEY, Michael (org.) *The Frege reader*. Blackwell, 1997.

FREUD, Sigmund. (1900) "The interpretation of dreams (Second Part)" in: *The Standard Edition of the Complete Psychological Works of Sigmund Freud*, v. V. Londres: Vintage, 2001.

_____. (1905) "Três ensaios sobre a teoria da sexualidade" in: *Obras completas*, v. 6, trad. bras. Paulo César de Souza. São Paulo: Companhia das Letras, 2016.

_____. (1908) "A moral sexual 'cultural' e o nervosismo moderno", in: *Obras completas*, v. 8, trad. bras. Paulo César de Souza. São Paulo: Companhia das Letras, 2015.

_____. (1908) "Die 'kulturelle' Sexualmoral und die moderne Nervosität" in: *Fragen der Gesellschaft Ursprünge der Religion*. Frankfurt am Main: Fischer Taschenbuch Verlag, 2000.

_____. (1909) "O romance familiar dos neuróticos" in: *Obras completas*, v. 8, trad. bras. Paulo César de Souza. São Paulo: Companhia das Letras, 2015.

_____. (1912) "Sobre a mais geral degradação da vida amorosa" in: *Amor, sexualidade, feminilidade*, trad. bras. Maria Rita Salzano Moraes. Belo Horizonte: Autêntica, 2018.

_____. (1913) "Totem e tabu: Algumas concordâncias entre a vida psíquica dos homens primitivos e dos neuróticos" in: *Obras completas*, v. 11, trad. bras. P. C. de Souza. São Paulo: Companhia das Letras, 2012.

_____. (1914) "Introdução ao narcisismo" in: *Obras completas*, v. 12, trad. bras. Paulo César de Souza. São Paulo: Companhia das Letras, 2010.

_____. (1915) *As pulsões e seus destinos*, trad. bras. Pedro Heliodoro Tavares. Belo Horizonte: Autêntica Editora, 2013.

_____. (1917) "Conferências introdutórias à psicanálise" in: *Obras completas*, v. 13, trad. bras. Paulo César de Souza. São Paulo: Companhia das Letras, 2014.

_____. (1918) "História de uma neurose infantil ('O homem dos lobos', [1914]" in: *Obras completas*, v. 14, trad. bras. Paulo César de Souza São Paulo: Companhia das Letras, 2010.

_____. (1921) "Psicologia das massas e análise do Eu" in: *Obras completas*, v. 15, trad. bras. Paulo César de Souza. São Paulo: Companhia das Letras, 2011.

_____. (1923a) "O Eu e o Id" in: *Obras completas*, v. 16, trad. bras. Paulo César de Souza. São Paulo: Companhia das Letras, 2011.

_____. (1923b) "A organização sexual infantil", in: *Obras completas*, v. 16, trad. bras. Paulo César de Souza. São Paulo: Companhia das Letras, 2011.

_____. (1924a). "A dissolução do complexo de Édipo" in: *Obras completas*, v. 16, trad. bras. Paulo César de Souza. São Paulo: Companhia das Letras, 2011.

_____. (1924b) "Resumo da psicanálise" in: *Obras completas*, v. 16, trad. bras. Paulo César de Souza. São Paulo: Companhia das Letras, 2011.

_____. (1925) "Algumas consequências psíquicas da diferença anatômica entre os sexos" in: *Obras completas*, v. 16, trad. bras. Paulo César de Souza. São Paulo: Companhia das Letras, 2011.

_____. (1925) *A negação*, trad. bras. M. Carone. São Paulo: Cosac Naify, 2014.

_____. (1926). "Inibição, sintoma e angústia" in: *Obras completas*, v. 17, trad. bras. Paulo César de Souza. São Paulo: Companhia das Letras, 2014.

_____. (1927) "O futuro de uma ilusão" in: *Obras completas*, volume 17, São Paulo: Companhia das Letras, 2014.

_____. (1930) "O mal-estar na civilização" in: *Obras completas*, v. 18, trad. bras. Paulo César de Souza. São Paulo: Companhia das Letras, 2010.

_____. (1931) "Sobre a sexualidade feminina" in: *Obras completas*, v. 18, trad. bras. Paulo César de Souza. São Paulo: Companhia das Letras, 2010.

_____. (1933a) "Acerca de uma visão de mundo" in: *Obras completas*, v. 18. São Paulo: Companhia das Letras, 2010.

_____. (1933b) "A feminilidade", trad. bras. Paulo César de Souza, in: Obras completas, v. 18. São Paulo: Companhia das Letras, 2010.

_____. (1933) "A feminilidade" in: *Amor, sexualidade, feminilidade*, trad. bras. Maria Rita Salzano Moraes. Belo Horizonte: Autêntica, 2018.

_____. (1937) "Análisis terminable e interminable" in: *Obras Completas*, v XXIII, trad. esp. José Luis Etcheverry. Buenos Aires: Amorrortu, 2010.

_____. (1985) *Neuroses de transferência: Uma síntese (manuscrito recém-descoberto) [1915]*, trad. bras. A. Eksterman. Rio de Janeiro: Imago, 1987.

_____. (1939) "Moisés y la religión monoteísta" [1934-38] in: *Obras completas*, trad. esp. J. L. Etcheverry. v. xxiii. Buenos Aires: Amorrortu, 2008.

GALLOP, Jane. (1988) "Além do falo", *Cadernos Pagu*. n.16, pp. 267-287, 2001.

GARCIA, Luiz Fernado Botto. (2015) Despertar do real: a invenção do objeto a. Dissertação (Mestrado) – Faculdade de Filosofia, Letras e Ciências Humanas. Departamento de Filosofia, Universidade de São Paulo, São Paulo.

GONZALEZ, Lélia. (1984) Racismo e sexismo na cultura brasileira, *Revista Ciências Sociais Hoje*, Brasília, Anpocs, pp. 223-244. Disponível em: https://edisciplinas.usp.br/pluginfile.php/4584956/mod_resource/content/1/06%20-%20GONZALES%2C%20L%C3%A9lia%20-%20Racismo_e_Sexismo_na_Cultura_Brasileira%20%281%29.pdf. Acesso em: 10 maio 2020.

_____. (1988) A categoria político-cultural de amefricanidade, *Tempo Brasileiro*, Rio de Janeiro, n. 92/93, pp. 69-82, jan./jun, 1988.

_____. (1988) "A importância da organização da mulher negra no processo de transformação social" in: União dos Coletivos Pan-Africanistas, UCPA (org.), *Lélia Gonzalez: Primavera para as rosas negras*. Diáspora Africana, 2018, pp. 363-366.

GRUBRICH-SIMITIS, Ilse. (1985) "Metapsychology and metabiology" in: FREUD, Sigmund. *A phylogenetic fantasy – Overview of the transference neuroses (1915)*. Cambridge, Massachussets; Londres: The Belknap Press of Harvard University Press, 1987.

IRIGARAY, Luce. (1977) *Ce sexe qui n'est pas un*. Paris: Les Éditions de Minuit.

KRAFFT-EBING, Richard von. (1886) *Psychopathia sexualis – As histórias de caso*, trad. bras. Cláudia Berliner. São Paulo: Martins Fontes, 2001.

KEHL, Maria Rita. (2008) *Deslocamentos do feminino*. Rio de Janeiro: Imago.

KEHL, Maria Rita. (2018) "Posfácio" in: FREUD, S. *Amor, sexualidade, feminilidade*, trad. bras. Maria Rita Salzano Moraes. Belo Horizonte: Autêntica.

KNUDSEN, Patricia Porchat. (2007) *Gênero, psicanálise e Juditth Butler: do transexualismo à política*. Tese de Doutorado, Programa de Pós-Graduação em Psicologia. Área de Concentração: Psicologia Clínica. Instituto de Psicologia da Universidade de São Paulo.

KRISTEVA, Julia. (1969) *Introdução à semanálise*, trad. bras. L. H. F. Ferraz. São Paulo: Perspectiva, 2012.

_____. (1979) "Women's time", trad. ing. A. Jardine, H. Blake, *Signs*. v. 7, n. 1, 1981.

LAQUEUR, Thomas. (1992) *La Fabrique du sexe: Essai sur le corps et le genre en Occident*. Paris: Gallimard, 2013.

LACAN, Jacques. (1946) "Propos sur la causalité psychique" in: *Écrits*. Paris: Éditions du Seuil, 1966.

_____. (1957) "L'instance de la lettre dans l'inconscient ou la raison depuis Freud" in: *Écrits*. Paris: Éditions du Seuil, 1966.

_____. (1957) "A instância da letra no inconsciente ou a razão desde Freud", trad. bras. Vera Ribeiro, in: *Escritos*. Rio de Janeiro: Zahar, 1998.

_____. (1958a) "Remarque sur le rapport de Daniel Lagache: 'Psychanalyse et structure de la personnalité'" in: *Écrits*. Paris: Éditions du Seuil, 1966.

_____. (1958b). "Observação sobre o relatório de Daniel Lagache", trad. bras. Vera Ribeiro, in: *Escritos*. Rio de Janeiro: Zahar, 1998.

_____. (1958c) "A significação do falo", trad. bras. Vera Ribeiro, in: *Escritos*. Rio de Janeiro: Zahar, 1998.

_____. (1959) "D'une question préliminaire à tout traitement possible de la psychose" in: *Écrits*, Paris: Éditions du Seuil, 1966.

_____. (1958-1950) *Le désir et son interprétation – Séminaire*. Unpublished, Association Freudienne Internationale. Disponível em: http://ecole-lacanienne.net/bibliolacan/stenotypies-version-j-l-et-non-j-l/

_____. (1960) *Conférence de Bruxelles sur l'éthique de la psychanalyse*. Bibliothèque Lacan, École Lacanienne de Psychanalyse, 1960. Disponível em: http://aejcpp.free.fr/lacan/1960-03-09.htm

_____. (1960a) "Subversion du sujet et dialectique du désir dans l'inconscient freudien", in: *Écrits*. Paris: Éditions du Seuil, 1966.

_____. (1960b). "Subversão do sujeito e dialética do desejo no inconsciente freudiano", trad. bras. Vera Ribeiro, in: *Escritos*. Rio de Janeiro: Jorge Zahar, 1998.

_____. (1960c) "Diretrizes para um congresso sobre a sexualidade feminina", trad. bras. Vera Ribeiro, in: *Escritos*. Rio de Janeiro: Zahar, 1998.

_____. (1960-1961) *L'identification*. Unpublished. Association Freudienne Internationale. Disponível em: ns.lutetium.org/mirror/.../S09%20-%20 L'identification%20(61%2062%20AFI).DOC .

_____. (1966a) *Escritos*, trad. bras. Vera Ribeiro. Rio de Janeiro: Zahar, 1998.

_____. (1966b). "Abertura desta coletânea", trad. bras. Vera Ribeiro, in: *Escritos*. Rio de Janeiro: Zahar, 1998.

_____. (1966-1967) *La logique du fantasme – Séminaire*. Unpublished. École Lacanienne de Psychanalyse. Dispoível em: http://ecole-lacanienne. net/bibliolacan/stenotypies-version-j-l-et-non-j-l/

_____. (1973) *Le séminaire, livre XI: Les quatre concepts fondamentaux de la psychanalyse (1964)*. Paris: Éditions du Seuil (Points).

_____. (1973) "O aturdito" in: *Outros escritos*. Rio de Janeiro: Jorge Zahar Editor, 2003.

_____. (1975) *Seminário, livro 20: Mais, ainda (1972-1973)*, trad. bras. M. D. Magno. Rio de Janeiro: Zahar, 2008.

_____. (1981) Le séminaire, Livre III: Les psychoses (1955-1956). Paris: Éditions du Seuil.

_____. (1991) O Seminário, livro 17: O avesso da psicanálise. [1969-1970], trad. bras. M. D. Magno. Rio de Janeiro: Zahar, 1992.

_____. (1994) O seminário, livro 4: a relação de objeto (1956-57), trad. bras. Dulce Duque Estrada. Rio de Janeiro: Zahar, 1995.

_____. (1998) *Le séminaire. Livre V: Les formations de l'inconscient (1957-1958)*. Paris: Éditions du Seuil.

_____. (1998) *O seminário, livro 5: as formações do inconsciente (1957-58)*, trad. bras.Vera Ribeiro. Rio de Janeiro: Zahar, 1999.

_____. (2004) *O seminário, livro 10: A angústia (1962-1963)*, trad. bras. Vera Ribeiro. Rio de Janeiro: Zahar, 2005.

LAPLANCHE, Jean. (1987) *Novos fundamentos para a psicanálise*. São Paulo: Martins Fontes, 1992.

LAPLANCHE, Jean; PONTALIS, Jean-Bertrand. (1964) *Fantasia originária, fantasias das origens, origens da fantasia*. Rio de Janeiro: Jorge Zahar Editor, 1988.

LEBRUN, Gerard. (1979) "O selvagem e o neurótico" in: *Passeios ao léu*. São Paulo: Brasiliense, 1983.

LIMA, Rafael. (2019) Édipo negro: Estrutura e argumento, *Acta Psicossomática*, São Paulo, v. 2, n. 1, pp. 26-39, jan/jul 2019. Disponível em: http://www.actapsicossomatica.com.br/ojs/index.php/acta/article/view/15 Acesso em: 27 abr. 2020.

MALINOWSKI, Bronislaw. (1927) "Análise do parricídio original" in: *Sexo e repressão na sociedade selvagem*, trad. bras. F. M. Guimarães. Petrópolis, RJ: Vozes, 2013.

MANZI, Ronaldo. (2014) Seria o falo uma questão anatômica ou não? Levando ao extremo certa desconfiança de Butler sobre a teoria lacaniana. *Revista Brasileira de Psicanálise*, São Paulo, v. 48, n. 4, pp. 127-137. Acesso em: 16 jul. 2017.

MARIN, Inara. (2018) Déficit psicanalítico na teoria crítica feminista, *Dissonâncias*, v. 2.

MARTINS, Alesssandra. (2020) "Freud como grão-burguês e o patriarcado na psicanálise" in: *O sensível e a abstração – Três ensaios sobre o Moisés de Freud*. São Paulo: e-galaxia.

MBEMBE, Achille. (2013) *Crítica da razão negra*, trad. bras. Marta Lança. Lisboa: Antígona, 2017.

MEZAN, Renato. (1985) *Freud, pensador da cultura*. São Paulo: Brasiliense, 1985.

McCLINTOCK, Anne. (1995) *Couro imperial: raça, gênero e sexualidade no embate colonial*, trad. bras. Plínio Dentzien. Campinas, SP: Editora da Unicamp, 2010.

MITCHELL, Juliet. (1974) "Sobre Freud e a distinção entre os sexos" in: *Psicanálise da sexualidade feminina*, trad. bras. Luis Orlando C. Lemos. Rio de Janeiro: Campus, 1988.

MITCHELL, Juliet. (1974) *Psicanálise e feminismo*, trad. bras. R. B. Rocha. Belo Horizonte: Interlivros, 1979.

MONZANI, Luiz R. (1991) "A fantasia freudiana" in: PRADO Jr., B. (org.). *Filosofia da psicanálise*, São Paulo: Brasiliense, p. 73-107.

OAKLEY, Ann. (1997) "A brief history of gender" in: OAKLEY, A. & MITCHELL, J. *Who's afraid of feminism? Seeing through the backlash*. Nova York: The New Press.

OLIVA, Juliana. (2018) *Da sexualidade reificada à reciprocidade erótica no pensamento de Beauvoir*. Tese (Doutorado em Filosofía) – Programa de Pós-graduação em Filosofia da Unifesp.

PAGLIA, Camille. (1990) *Personas sexuais: Arte e decadência de Nefertite a Emily Dickinson*, trad. bras. M Santarrita. São Paulo: Companhia das Letras, 1992.

_____. (1991) "Junk bonds and corporate raiders: Academe in the hour of the wolf" in: Free women, free men. Nova York: Pantheon, 2017.

_____. (1997) "The modern battle of the sexes" in: Free women, free men. Nova York: Pantheon, 2017.

_____. (1999) "American gender studies today" in: Free women, free men. Nova York: Pantheon, 2017.

_____. (2008) "Feminism past and present: Ideology, action, and reform" in: Free women, free men. Nova York: Pantheon, 2017.

_____. Mulher deve ser maternal e parar de culpar o homem, diz Camille Paglia, *Folha de São Paulo*. 24 de abril de 2015. Entrevista concedida a Fernanda Mena. Disponível em: <https://www1.folha.uol.com.br/ilustrada/2015/04/1619320-nao-publicar-entrevista-camille-paglia-fronteiras-do-pensamento.shtml>. Acesso em: 01 set. 2018.

PARENTE, Alessandra. (2017) *Sublimação e Unheimliche*. São Paulo: Pearson.

POLITZER, Georges. (1928) *Crítica dos fundamentos da psicologia: a psicologia e a psicanálise*, trad. bras. . M. Marciolino e Y. M. de C. T. da Silva. Piracicaba: Editora UNIMEP, 1998.

PRADO Jr., Bento. (1998) "A narrativa na psicanálise, entre a história e a ficção" in: RIEDEL, Dirce C. (org.) *Narrativa: Ficção e história*, Rio de Janeiro: Imago.

RIBEIRO, Djamila. (2017) *Lugar de fala*. São Paulo: Sueli Carneiro; Pólen, 2019.

RIOS, Flavia; RATTS, Alex. (2016) "A perspectiva interseccional de Lélia Gonzalez" in: CHALHOUB, S.; PINTO, F. (orgs.), *Pensadores Negros-Pensadoras Negras do século xix e xx*. Belo Horizonte: Traço Fino LTDA.

RITVO, Lucille B. (1990) *A influência de Darwin sobre Freud*. Rio de Janeiro: Imago, 1992.

ROUDINESCO, Élisabeth. (2014) *Sigmund Freud na sua época e em nosso tempo*, trad. bras. A. Telles. Rio de Janeiro: Zahar, 2016.

RUBIN, Gayle. (1975) "The traffic in women: Notes on the 'political economy' of sex" in: REITER, R. R. *Toward an anthropology of women*. Nova York: Monthly Review Press.

SEGATO, Rita. (2006) *O Édipo brasileiro: a dupla negação de gênero e raça*. Brasília: Série Antropologia UnB.

SILVEIRA, Léa. (2004) Linguagem no Discurso de Roma – Programa de leitura da psicanálise, *Psicologia – Teoria e Pesquisa*, v. 20, n.1, pp. 49-58.

_____. (2020) Feminismo e psicanálise, *Blogs de Ciência da Universidade Estadual de Campinas: Mulheres na Filosofia*, v. 6, 2020, pp. 114-127.

_____. (2022) *A travessia da estrutura em Jacques Lacan*. São Paulo: Blucher.

_____. (2024) "Por que 'masoquismo feminino'?", in Alessandra Martins et al., *Limiares: Desafios contemporâneos da psicanálise*. São Paulo: Blucher.

SULLOWAY, Frank. (1979) *Freud biologist of the mind – beyond the psychoanalytic legend*. Cambridge, Massachusetts/Londres, Harvard University Press, 1992.

TATON, René. (1961) *La science contemporaine, 1: Le xixe siècle*. Paris: PUF,1995.

VAN HAUTE, Philippe e GEYSKENS, Tomas. (2016) Psicanálise sem Édipo? Uma antropologia clínica da histeria em Freud e Lacan, trad. bras. M. Pimentel. Belo Horizonte: Autêntica.

WARD, Julie. (1995) "Beauvoir's two senses of 'body' in The second sex", in: SIMONS, M. *Feminist interpretations of Simone de Beauvoir*. Pennsylvania: The Pennsylvania State University Press.

> agradecimentos <

Ao Grupo de Estudos, Pesquisas e Escritas Feministas pelo rico e acolhedor espaço de interlocução. Às amigas do GEPEF devo cuidadosas discussões de vários capítulos que compõem este trabalho.

Também pelo espaço de discussão, agradeço ao GT de Filosofia e Psicanálise da ANPOF.

Ao meu amor, João Cunha, primeiro e perspicaz leitor. Muitas de nossas conversas alimentaram e foram ocasião para construir argumentos aqui apresentados.

A minhas irmãs, Lia e Fillipa Silveira, companheiras de toda a jornada, mesmo e principalmente quando ela envolve discordâncias. Às minhas alunas e alunos na Universidade Federal de Lavras, cujo brilho nos olhos sempre me põe em movimento.

A Herivelto de Souza pelo convite para apresentar na Universidade de Brasília, em 2019, o minicurso "Psicanálise e feminismo: Questões recíprocas", quando tive a oportunidade de pôr em teste a maior parte deste material e de ouvir intervenções desafiadoras.

Ao CNPq pela Bolsa de Produtividade em Pesquisa, de cujo projeto fez parte a preparação deste livro.

PSILACS

@psilacs – ufmg – www.psilacs.org

> o núcleo psilacs (psicanálise e laço social no contemporâneo – universidade federal de minas gerais) articula transmissão, pesquisa e extensão em psicanálise em cinco frentes <

> programa já é – psicanálise, juventudes e cidade – coordenação: *christiane matozinho, delza gonçalves e henrique oliveira* <

> programa transmissão lacaniana – a letra de jacques lacan – coordenação: *ernesto anzalone e renata mendonça.* <

> programa interfaces – psicanálise, direito, interdisciplinaridade e contemporaneidade – coordenação: *adriana goulart, alexandre marcussi, camila nicácio, ismael salaberry, monica lima* <

> programa conexão – radar psilacs nas redes sociais – *alexsandra viana, andré assis, carolina amorim, edvaldo brandão, ismael salaberry, klysman lucas, linnikar lima, mateus souza, sofia freire* <

> coordenação geral: *andréa máris campos guerra* <

A Coleção Decolonização e Psicanálise, como movimento em elipse nas terras psicanalíticas, inaugura um programa continuado de descentralização. Às voltas com os impasses do horizonte da subjetividade de nossa época, criamos um espaço livre para formulação de perguntas sobre os alcances de nossa práxis, sobre os fundamentos de nosso saber, sobre o gozo singular que impera adestrado em nosso contemporâneo, sobre a ontologia do corpo falante e sobre a estética de mundo que daí deriva.

O programa pretende enumerar as perguntas para as quais já vivemos as respostas, sem termos criado o tempo de sua nomeação. A clínica psicanalítica, na sua experiência mais íntima com o falasser, é interrogada pelos movimentos sociais e feministas, pelas teorias críticas, pelo mal-estar colonial. E, desde fora, recebe o impacto do edifício pulsional, que atualiza modos de sofrimento, de resistência, de invenção. Esta coleção recolhe e testemunha em ato seus efeitos.

Em obras coletivas e obras autorais, nacionais ou estrangeiras, buscamos recolher o saber-fazer com o resto que escreve respiradouros para a Psicanálise. Sustentamos um espaço no qual o acontecimento traumático se escreve pela contingência do desejo. Seu desenho, cuja imagem se constitui a cada pincelada, subverte a ideia original ao tocar o real.

A cada nova obra, esperamos forçar a necessária presença desvelada da herança colonial nos confins do mundo em que habitamos: nosso corpo. Nossa geopolítica, latina, desde a qual a transmissão da psicanálise se renova universal na escuta singular, torna viva sua lâmina afiada. De nossa língua mãe de gozo, ensaiamos ler os contornos e os excessos de nosso agora.

Sinta-se parte.

Dados Internacionais de Catalogação na Publicação (CIP) de acordo com ISBD

S587a   Silveira, Léa

   Assim é a mulher por trás do seu véu?: Temas feministas em psicanálise / Léa Silveira. - São Paulo : N-1 edições, 2024.
   192 p. : il. ; 16cm x 23cm. - (Decolonização e psicanálise)

   ISBN: 978-65-6119-022-0

   1. Psicologia. I. Título. II. Série.

2024-2371
                                    CDD 150
                                    CDU 159.9

Elaborado por Odilio Hilario Moreira Junior - CRB-8/9949

Índice para catálogo sistemático:
1. Psicologia 150
2. Psicologia 159.9

n-1
edições

O livro como imagem do mundo é de toda maneira uma ideia insípida. Na verdade não basta dizer Viva o múltiplo, grito de resto difícil de emitir. Nenhuma habilidade tipográfica, lexical ou mesmo sintática será suficiente para fazê-lo ouvir. É preciso fazer o múltiplo, não acrescentando sempre uma dimensão superior, mas ao contrário, da maneira mais simples, com força de sobriedade, no nível das dimenões de que se dispõe, sempre n-1 (é somente assim que o uno faz parte do múltiplo, estando sempre subtraído dele). Subtrair o único da multiplicidade a ser constítuida; escrever a n-1.

Gilles Deleuze e Félix Guattari